Abenteuer im Gepäck

NATIONAL GEOGRAPHIC

Abenteuer im Gepäck

GRENZGÄNGER UND WELTREISENDE ERZÄHLEN

Inhalt

Vorwort 6
von Erik Lorenz

Aufbruch

Joey Kelly –
Zu den Wurzeln der Freiheit 11

Rolf Lange –
Vom Mut, den ersten Schritt
zu machen 23

Carmen Rohrbach –
Am Anfang steht das Fernweh 31

Rüdiger Nehberg –
Abenteuern einen Sinn geben 41

Wildnis

Reinhold Messner –
Der Wert der Wildnis 57

Jerome Blösser –
Nomade im Herzen 65

Uli Kunz –
Die Geheimnisse der Tiefe 75

Ana Zirner –
Das Wesen der Berge 85

Michael Martin –
Zwischen Wintermärchen
und Kälteschock 93

Dirk Rohrbach –
Die Weite spüren 101

Widerstände

Hans Kammerlander –
Die Kraft zu scheitern 111

Anselm Pahnke –
Allein gegen den Wind 123

Andreas Pröve –
Ein Leben gegen den Strom 133

Erkenntnis

Stephan Meurisch –
Tibet vor der Haustür finden 145

Christine Thürmer –
Vom Glück des Wanderns 157

Nadine Pungs –
Wenn man den Kopf aus
den Wolken zieht 165

Bruno Baumann –
Der innere Kompass 177

Die Protagonisten 186

Expedition auf Baffin Island in der kanadischen Arktis:
Wüstenfotograf Michael Martin begibt sich in eisige Gefilde.

Vorwort

Geklingelt wird per Knochen. Ich packe das abgegriffene Gebein, das an einer Schnur vor der Tür baumelt, ziehe einmal kräftig und höre innen, vom anderen Ende der Strippe, eine Glocke läuten. Dann vernehme ich Schritte, die eine Holztreppe hinuntertrippeln. Schließlich schwenkt die Tür auf und im Türrahmen erscheint ein über achtzigjähriges Gesicht, so strahlend und einladend, dass es mich sofort in seinen Bann zieht.

»Erik, schön, dass du da bist! Willkommen!«

Der Mann umarmt mich und führt mich hinein, die Treppe hinauf in ein Wohnzimmer, das ebenso eine völkerkundliche Ausstellung sein könnte: komplett holzverkleidet, ausgeschmückt mit Dolchen, Macheten, Speeren, Schlangenhäuten, handgeflochtenen Fischreusen, Pfeilen, Lampenschirmen aus Tierhaut, einem Haigebiss, allerlei Kunsthandwerk, dazu Fotos und Plakate mit Dschungelszenerien – und einer Vitrine mit mehreren Bundesverdienstkreuzen. Es sind die Lebenserinnerungen meines Gastgebers Rüdiger Nehberg, Deutschlands bekanntestem Survivalexperten, oder auch »Sir Vival«, wie ihn die Medien augenzwinkernd getauft haben. Seine Abenteuer sind zahlreich und legendär: Erstbefahrung des Blauen Nil. Erstdurchquerung der äthiopischen Danakilwüste. Mehrmonatige Atlantiküberquerungen per Tretboot, Bambusfloß und auf einer massiven Tanne, allein und ohne Unterstützung. 1000 km Deutschlandmarsch, ohne Nahrung. Dschungelexpeditionen. Er prägte Generationen von Naturfreunden und Reisenden. Und heute möchte er mir von all dem erzählen, hier, in seinem Haus in Schleswig-Holstein. Es ist eine vierhundert Jahre alte Mühle, die er in jahrelanger Arbeit aus Schutt zu neuem Leben erweckte, umgeben von Wäldern, Seen und Sümpfen, die von Ringelnattern, Eisvögeln, Fischreihern und Bisam bevölkert werden.

Nehberg bewirtet mich mit Kaffee und Kuchen und setzt zu einem vierstündigen Bericht aus seinem Leben an, einem Bericht, der mich an die Ufer des Amazonas führt, an dessen Sandbänken er einst eine Boa packte und sie wie ein Lasso um sich schleuderte, bis ihr übel wurde. Sie spuckte einen noch unverdauten Fisch aus, den er sich sofort einverleibte, um die Weiterreise durch den Dschungel – ohne Hilfsmittel, ohne Navigationsgeräte – gestärkt fortzusetzen. Der Bericht führt mich auch zum südamerikanischen Volk der Yanomami, das Nehberg kraft seiner Prominenz unterstützt, und in die arabischen Wüsten, wo er sich mit seinem Verein Target gegen die weibliche Genitalverstümmelung einsetzt. Ich lerne ein Leben kennen, das, wie Nehberg selbst sagt, »so drall und prall ist, dass man gar nicht merkt, wenn es plötzlich vorbei ist«.

Begegnungen wie diese haben mich veranlasst, die Online-Plattform www.weltwach.de (und später den englischsprachigen Ableger www.unfoldingmaps.com) zu initiieren. Ihr Herzstück, der Weltwach-Podcast, ermöglicht es mir, zusammen mit meinen Zuhörern in die Erlebnisse und Erkenntnisse Weltneugieriger einzutauchen und herauszufinden, mit welchen Hoffnungen sie sich in die Welt hinausbegeben. Mittlerweile haben weit über hundert Gesprächspartner ihren Schatz aus Erinnerungen mit mir und meinen Hörern und Hörerinnen geteilt und erzählt, welche Abenteuer sie durchlebt haben, wie sie an ihnen verzweifelt und gewachsen sind, und wie diese Abenteuer ihre Weltsicht geformt haben.

Dieses Buch ist die Essenz aus über hundert Folgen Weltwach: Gesprächsauszüge, die ich für dieses Buch gemeinsam mit meinen Gästen redaktionell aufbereitet und bebildert habe.

Wir begleiten darin leidenschaftliche Weltenwanderer auf ihren Streifzügen und erhalten Einblicke in ferne Orte und herausfordernde Momente. Dabei geht es keineswegs nur um das vordergründige, mitunter gefährliche Abenteuer. Vielmehr bietet das Buch einen Querschnitt durch das, was Abenteuer ausmacht. Es geht ums Aufbrechen und Ankommen, um Erkenntnisse und Widerstände, um lebensverändernde Begegnungen. Es geht um die Faszination meiner Gesprächspartner für Landschaften und Reiseformen, für Wüsten und Flüsse, fürs Bezwingen von Bergen und Von-Deutschland-nach-Tibet-Laufen – es geht darum, in die Welt aufzubrechen und hinter das Offensichtliche zu schauen. Daraus ist ein Panorama von Lebensentwürfen und Expeditionen entstanden: ein Buch, das Impulsgeber sein und uns zeigen kann, wie aus Trips aufregende Abenteuer werden, wie sich Reisen intensiver erleben lassen. Und wie sich schließlich daraus ein reicheres Leben entwickeln kann – so wie Rüdiger Nehberg es geführt hat, der wenige Tage vor der Drucklegung dieses Buches verstorben ist und dem ich es widme.

Erik Lorenz

Aufbruch

Ein Aufbruch kann viele Gesichter haben. Er kann zu einem weit entfernten Ort führen. Oder in einen neuen Beruf, eine neue Beziehung, eine neue Lebensphase. Allen Aufbrüchen gemein ist, dass sie eine gewisse innere Stärke erfordern. Denn in den allermeisten Fällen wäre es einfacher und bequemer, nicht aufzubrechen, sondern alles genau so zu lassen, wie es ist. Aber nur wer Neues wagt, erfährt, was hinter dem Horizont liegt, und schenkt sich die Gelegenheit, den Blick zu weiten und neue Erfahrungen zuzulassen.

*Und plötzlich weißt du:
Es ist Zeit,
etwas Neues zu beginnen
und dem Zauber des
Anfangs zu vertrauen.*

Meister Eckhart

Joey Kelly
ZU DEN WURZELN DER FREIHEIT

◁ ◁ ◁ ◁ ◁ ◁ ◉ ▷ ▷ ▷ ▷ ▷ ▷

Joey Kelly: Als ich klein war, lebte meine Familie drei Jahre in Paris. Wir spielten auf den Straßen am Bahnhof, auch bei Minusgraden, und in den unterirdischen Gängen der Metro. Das war in der ersten Hälfte der 1980er-Jahre. Wir waren pleite. Es ging uns finanziell richtig dreckig.

Am Gare du Nord, dem größten Bahnhof der Stadt, gab es einen Zug, der von Paris nach Osten fuhr. Eine mehrwöchige Reise – mit Umstieg in Moskau in die Transsibirische Eisenbahn. Bis nach Peking konnte man so gelangen! Als kleines Kind liebte ich das Thema Abenteuer und träumte davon, irgendwann, wenn ich groß wäre, in diesen Zug zu steigen. Darin gab es zum Beispiel eine Erste Klasse, in der Kellner mit weißen Handschuhen dreigängige Menüs servierten, umgeben von einer Einrichtung, die mit Samt und Plüsch überzogen war. Ein wahnsinniger Luxus! So habe ich das jedenfalls als Kind empfunden.

Dieser Zug weckte in mir den Wunsch, nach Peking zu wollen. Und eines Tages, Jahrzehnte später, beschloss ich: Das mache ich jetzt. Aber nicht per Zug, sondern mit einem alten VW-Bus. Das ist zwar nicht Erste Klasse, aber das wäre auch nicht mein Stil. Das würde nicht zu mir passen, wäre total langweilig. Du platzt vor Essen und kannst nichts genießen. Nein, viel spannender ist es, zu leiden und zu hungern.

Gelitten und gehungert hat Joey Kelly auf seinen Reisen viel. Der Musiker und Unternehmer ist seit Anfang der 2000er-Jahre vor allem als Ausdauersportler unterwegs. Er beteiligte sich an Dutzenden Marathons und Ultramarathons durch Wüsten, Regenwälder und Eislandschaften in aller Welt und bewältigte eine neunhundert Kilometer weite Wanderung durch Deutschland ohne Geld und Unterstützung – nach dem Vorbild von Rüdiger Nehbergs legendärem Deutschlandmarsch.

Die Reise nach Osten führt unter anderem an die Ufer des gewaltigen Baikalsees.

Meine großen Leidenschaften sind das Reisen und der Sport. Die Abenteuer und die Herausforderungen, die ich mir unterwegs selbst stelle, sind dabei zu einem großen Teil Mittel zum Zweck. Ich habe erkannt, dass ich ein Land aufgrund dieser zusätzlichen Herausforderungen völlig anders kennenlerne. Zuletzt erlebte ich das bei meiner Reise mit dem VW Bulli nach China. Wäre ich ganz normal mit meiner Kreditkarte in der Tasche nach Peking gefahren, wäre ich an den vielen Menschen, die ich entlang der Strecke kennengelernt habe, wohl einfach vorbeigefahren. Stattdessen habe ich beschlossen nicht nur mit einem uralten, klapprigen Gefährt aufzubrechen, sondern auch ohne Geld, und mir die Unterstützung der Menschen vor Ort zu verdienen. Zum Beispiel mit Geschichten. Oder vierblättrigen Kleeblättern, dem weltweiten Glückssymbol, die ich zu Hause gesammelt und eingeschweißt hatte.

Um weiterzukommen, war ich auf die Hilfe der Menschen angewiesen. So verband ich die Länder, die ich durchquerte, mit zahlreichen Begegnungen und Einblicken in die unterschiedlichen Kulturen. Ich traf Menschen, die anders tickten, anders glaubten, anders sprachen. Dass ich sie kennenlernen dufte, beflügelt mich bis heute.

Der VW T1, den Joey für diesen Zweck kaufte, war über fünfzig Jahre alt und hatte die letzten zwanzig Jahre unbewegt herumgestanden. Das Alter war ihm deutlich anzusehen.

In diesem Wagen wollte es Joey bis nach China schaffen, von Deutschland über Polen, Litauen, Lettland, Estland, Russland, Kasachstan und die Mongolei.

Der Bulli bewirkte, dass es für Joey nicht nur eine Reise gen Osten wurde, sondern auch eine Reise zu den eigenen Wurzeln.

Ich verbinde diesen alten VW T1 mit der Kelly Family. Bevor wir in unserem bekannten Londoner Doppeldeckerbus tourten und lebten, fuhren wir einen solchen Bulli. Das Cover unserer ersten Kassette zeigte uns und dieses Auto. Es war unser allererster Tourbus. Und für etwa anderthalb Jahre auch unser Zuhause. Darin lebte ich mit unserer Mutter, unserem Vater und acht Geschwistern. Nachts fanden wir natürlich nicht alle Platz. Dann kam meine Mutter mit den kleinsten Kindern im Auto unter, und wir anderen schliefen davor auf einem Rastplatz oder einer Wiese auf Plastikplanen und Decken. Ich kann mir das heute selbst kaum noch vorstellen: So ein T1 ist unwahrscheinlich klein, nicht zu vergleichen mit

den heutigen VW-Bussen – und selbst darin wäre es mit rund zehn Leuten sehr eng. Es war ein einfaches Leben, aber auch die schönste Zeit.

Und manchmal wurde es gefährlich.

Das war eine Schrottkarre, vollgeladen mit Kellys und Gepäck bis zur Decke. Sie hatte kaum noch Bremsen, der Motor, eine luftgekühlte Maschine mit 36 PS, streikte immer wieder und einmal schossen während der Fahrt Flammen aus dem Heck. Der Motor brannte und drohte zu explodieren! Wir löschten ihn gerade noch rechtzeitig – dann fuhren wir weiter. Das größte Wunder in all der

---

Mittendrin in endlosen Panoramen,
die sich in alle Richtungen entfalten

Zeit, die wir auf der Straße lebten und stets pleite waren, ist, dass uns nie etwas passierte. Das ist mir bis heute ein Rätsel. Es gab so viele Situationen, die gefährlich waren oder es hätten werden können. Aber nie fügte uns jemand Schaden zu, nie hatten wir einen ernsthaften Unfall.

Auf diese Art aufzuwachsen zeigte mir, was es heißt, frei und ohne Angst zu leben. Auch nachdem meine Mutter – leider viel zu

---

Inmitten der Bilderbuchlandschaft genießen Joey und Luke die Gastfreundschaft einer mongolischen Familie.

früh – verstorben war, widersetzte oder entzog sich mein Vater jedweden gesellschaftlichen Konventionen. Er war sehr mutig, nahm aber auch ein hohes Risiko in Kauf. Keines meiner Geschwister besuchte je auch nur für einen Tag eine Schule. Ich habe nie etwas gelernt. Nur learning by doing. Wir waren nirgends sesshaft, nirgends versichert. Wir hatten keine Krankenversicherung, keine Back-ups irgendwelcher Art. Zero. Wir waren quasi Illegale, sind immer weitergereist, unangemeldet, um der Schulpflicht zu entgehen. Mein Vater wollte es so. Das hatte natürlich Konsequenzen. Kein Kindergeld. Keine Stütze. Gar nichts. Mein Vater sagte: »Wir brauchen das alles nicht. Das bisschen Essen beschaffen wir uns schon. Wir sind keine armen Menschen. Geld ist langweilig.«

Manche meiner Geschwister können mit Geld bis heute nicht umgehen. Sie brauchen es aber auch nicht, um glücklich zu sein. Ja, für sie ist Geld langweilig. Wenn jemand von ihnen nach unserem aktuellen Erfolg irgendwann wieder pleite ist, macht das nichts, denn sie haben von unserem Vater gelernt auch mit wenig zufrieden zu sein. Er war so krass im Kopf, dass ihn Geld nicht im Geringsten interessierte. Und die Menschen waren, bei allen Problemen, mit denen er auch zu kämpfen hatte, fasziniert von seiner wirklichen Freiheit. Er hat es geschafft, sie in vollen Zügen zu leben. Er lebte frei und ohne Angst. Und das ist auch mein Ziel.

Ich verbinde das mit dem Thema Abenteuer. Mit Reisen und dem Besuch anderer Länder und Menschen. Deswegen werde ich, so lange ich Kraft habe und gesund bin und mein Motor noch brennt, damit weitermachen.

Wie auf der Fahrt im VW-Bus nach Peking. Zu ihr brach Joey nicht allein auf, sondern mit seinem 19-jährigen Sohn Luke. Während der Fahrt waren Gespräche wegen des lauten Dröhnens des Motors unmöglich, aber während der Pausen und in den Morgen- und Abendstunden, als sie gemeinsam versuchten Geld oder Nahrung aufzutreiben, wuchsen sie im Angesicht der gemeinsamen Aufgabe zusammen.

In den ersten fünf, sechs Tagen hatten wir ständig Ausfälle. Lichtmaschine kaputt, Batterie funktioniert nicht, Luftkühler defekt. Wir hatten nur mit Werkstätten zu tun, mit Ersatzteilen und Instandsetzung. Dabei waren wir gut vorbereitet, hatten alles, was man wechseln kann, doppelt und dreifach mitgenommen, inklusive Lichtmaschinen und Vergaser. Aber, warum auch immer: All die Teile gaben zügig ihren Geist auf, obwohl sie neu waren.

Ein paar Quadratmeter Platz: Der Bulli wird während der Reise zum Mittelpunkt des Lebens.

Im tiefsten Polen dachte ich, wenn das so weitergeht, werden wir niemals ankommen. Wir hatten nicht einmal tausend Kilometer geschafft, weil wir über die Hälfte der Zeit damit verbracht hatten, die Karre irgendwie am Laufen zu halten.

Irgendwann trafen wir in Polen jedoch auf einen Mechaniker, der das Auto so herrichtete, dass es ohne Pannen bis kurz vor Peking lief. Keine Ahnung, wie er das gemacht hat. Der hatte es einfach drauf.

Auf Polen folgten das Baltikum und Russland. Ich liebe diese Ostblockländer. Dort, in den typischen, ausgedehnten Ostblockstädten mit ihren grauen Gebäuden, großen Fabriken und dem Rauch überall, müssen viele Menschen wirklich ums Überleben kämpfen. Ich mag das, weil es die wahre Welt ist. Mich beeindruckt, was die Menschen daraus machen: dass sie zusammenhalten. Wie es ihnen unter schwierigen Umständen gelingt, mit ihren Familien ein glückliches Leben zu führen.

Einer der Höhepunkte in Russland war der gewaltige Baikalsee. Ihn hatte ich schon zweimal besucht, einmal im Winter für den

Irgendwo in Russland: Rast vor idyllischer Kulisse

Ultramarathon Sibirian Black Ice Race. Bei bis zu minus zwanzig Grad, kräftigem Wind und mit einem vollgepackten Schlitten, den ich hinter mir herzog, lief ich 250 Kilometer, viele davon mutterseelenallein, über den gefrorenen See. Ein hartes Rennen, bei dem es einige Gefahren gab, wie die Wölfe und Bären, die dort leben und an den Ufern des Sees nach Wasser suchen, auch wenn er zugefroren ist. Weil die Eisschollen in Bewegung sind, gibt es überall Risse. Das verschafft nicht nur den Tieren Wasserstellen, sondern bedeutete auch immer neue Hindernisse für uns Läufer. Übersiehst du einen Riss oder trittst auf eine Stelle, die nur leicht zugefroren ist, fällst dann ins Wasser und weißt nicht, wie du handeln musst, stirbst du. Es ist einfach zu kalt. Nach wenigen Minuten kannst du die Hände nicht mehr öffnen und schließen. Du kriegst keine Hose mehr an oder aus. Es ist vorbei. Aber ich habe am Südpol ein gutes Training erhalten, wie man sich in einer solchen Lage verhält. Innerhalb von zehn Minuten musst du dich ausziehen, das Zelt aufbauen, den Kocher anzünden, in den Schlafsack kriechen, Wärme produzieren. Angetrieben von einem Adrenalinschub und ausgestattet mit dem

Wissen, was zu tun ist, kannst du das überleben. Ich überlebte nicht nur, sondern gewann diesen Irrsinn am Ende sogar.

Im Vergleich zu diesen Widrigkeiten war es umso schöner, den Baikalsee auf der Bulli-Tour im Sommer zu genießen: eine ganz andere Szenerie, nicht kalt und vereist, sondern voller Blumen und Farben. Diese Natur zu sehen, in diesem Wasser zu schwimmen und stundenlang an den Ufern des Sees entlangzufahren, war herrlich. Wundervolle Weiten – genau wie in der Mongolei, die wir als Nächstes erreichten. Schon wenige Kilometer nach der Grenze bot sich uns ein ganz anderes Bild als in Russland. Über Stunden hinweg menschenleere Landschaften, und dann, hier und da, wie wir es aus den Büchern kennen, diese vereinzelten Jurten der

Baujahr 1967, 44 PS: Der T1 macht die Reise zu einer besonderen Herausforderung.

Nomaden, die noch heute durchs Land ziehen und ihr Vieh weiden lassen. Dazu Millionen von Wildpferden, die sich frei durch die Ebenen bewegen.

Grandiose Landschaften, offenherzige und hilfsbereite Menschen – aber nicht zuletzt auch endlose Stunden hinter dem Steuer. War das nicht auch furchtbar langweilig?

Nein. Erstens genieße ich das Fahren, weil ich unser Auto liebe. Zweitens ist es so eine Art Livefernsehen. Wenn du Natur magst, neugierig auf fremde Länder bist und beispielsweise durch die Mongolei fährst, in der ich vorher noch nie war, dann bist du mittendrin in endlosen Panoramen, die sich in allen Richtungen entfalten.

Zum Teil war es für mich anstrengend – aber nie langweilig. Es lief sogar so gut, dass ich Luke am Ziel von meinem Vorhaben erzählte, in zwei Jahren die Pan Americana hinunterzufahren, auch ohne Geld, von Alaska bis Kap Horn. Über zwanzigtausend Kilometer, fünfzehn Länder. Das wird noch weiter, härter, krasser, und ich freue mich jetzt schon darauf. Als ich ihn fragte, ob er mitkommen wollte, antwortete er ohne zu zögern: Ich bin dabei.

Gibt es etwas, das Joey aus diesen Erfahrungen gelernt hat und anderen Menschen mit auf den Weg geben möchte?

Ich bin kein Prophet und will niemanden belehren oder erziehen. Jeder muss das finden, was er liebt – seine Berufung.

Die meisten Hindernisse, die dem entgegenstehen, gibt es nur in unseren Köpfen. Sie sind eine Frage des Willens. Wir setzen uns Grenzen, die eigentlich gar nicht da sind. Und selbst wenn mal etwas schiefgeht: Ist doch nicht schlimm. Ist sogar gut! Aus Niederlagen können wir unwahrscheinlich viel lernen. Ich kenne keinen erfolgreichen Menschen, der nur oben schwebt. Alle haben sie Pleiten hinter sich. Große und kleine. Jemand, der sich nie aus der Komfortzone herausbewegt und immer nur in Sicherheit lebt, wird nie richtig Erfolg haben, ob finanziell oder in Bezug auf den Grad des Glücks.

Worauf soll man also warten? Mach! Steh' auf! Tue es jetzt! Das Leben ist morgen vorbei. Du vergeudest deine Zeit. Fort mit den Zweifeln. Erst Sicherheit, erst dies, erst das – wenn ich das schon höre! Das ist Bullshit. So ist jedenfalls meine Erfahrung.

Mir ist Freiheit sehr, sehr wichtig. Ich glaube, viele von uns leben in Angst, und Angst schränkt ein. Ich entziehe mich dieser Einschränkung und tue, was ich liebe. Wer denkt, diese Freiheit bedeute nur entspannt rumzuhängen, irrt gewaltig. Ich arbeite Tag und Nacht, aber ich mache das gern, denn ich habe das gefunden, wofür ich brenne. So gehe ich meinen eigenen Weg, jeden Tag eine Extrameile.

Man muss ja keinen Marathon laufen, sich unterwegs nicht gezielt Herausforderungen stellen, man muss auch nicht ohne Geld durch Deutschland gehen. Aber man sollte vielleicht versuchen das zu finden, was man liebt, und dem dann verstärkt nachgehen.

Das ist meine Freiheit.

Ankunft in Peking: Nach 12 000 Kilometern sind Vater und Sohn am Ziel. Joey Kelly und Erik Lorenz vor dem rostigen T1, der es trotz aller Widrigkeiten bis nach Peking schaffte.

Rolf Lange
VOM MUT, DEN ERSTEN SCHRITT ZU MACHEN

◁ ◁ ◁ ◁ ◁ ◁ ◉ ▷ ▷ ▷ ▷ ▷ ▷

Die beiden Freunde Rolf und Joe betraten das Tropeninstitut und verkündeten einer Mitarbeiterin: »Wir wollen uns impfen lassen.«

»Gegen was?«

»Ähm … Einfach gegen alles.«

Die Dame lächelte nachsichtig. »Sie werden nicht alles brauchen. Wo wollen Sie denn hin?«

Rolf räusperte sich und versuchte möglichst überzeugend zu klingen, als er antwortete: »Wir wollen überallhin.«

Schlussendlich ließ sich jeder der beiden, über mehrere Wochen verteilt, 22 Spritzen geben. »Wir wollten halt alles richtig machen!«, erinnert sich Rolf. Das wollten sie auch in jeder anderen Hinsicht. Sie informierten sich über Termine für Offroad-Kurse, Schrauber-Kurse, Survival-Kurse. »Für diese Reise zum Teil völliger Schwachsinn, aber wir hatten ja keine Ahnung!«

Rolf Lange ist gern vorbereitet und fühlt sich sicherer, wenn er weiß, was auf ihn zukommt. »Neues ausprobieren ist nicht mein Ding.« Das letzte Mal, dass er in einem Restaurant gegessen hatte, das er nicht schon kannte, lag Jahre zurück. Der Geschäftsführer einer Münchener Werbeagentur – Halbglatze, kleiner Kugelbauch, Typ Spießer, wie er selbst sagt – brachte alles mit, um ein gesellschaftskonformes, gutbürgerliches Leben durchzuziehen: »Ich war in meiner Komfortzone gefangen und keinesfalls unglücklich.«

Aber er hatte Blut geleckt – auf einer zehntägigen Motorradtour durch den Westen der USA zusammen mit Joe, einem befreundeten Diplominformatiker, der in Amerika lebte. Joe hat Rolf zu diesem ersten Abenteuer ermutigt.

Rolf Lange: Ich habe das erste Mal Freiheit geschnuppert und der Geruch gefiel mir extrem gut. Das hat etwas in mir geweckt. Doch bereits nach der Hälfte der Zeit zählte ich nur noch, wie viele Tage

---

Kirgistan ist malerisch und ideal zum Enduro-Wandern:
Schotterpassagen führen durch einsame Täler, es gibt kaum Verkehr.

wir noch hatten. Ich war im Kopf eigentlich schon wieder beim Ende der Reise, nicht im Moment. Das hat mich enorm geärgert.

Nach der Rückkehr nach München war dann nichts mehr wie vorher. Ich war angesteckt. Ich arbeitete nicht mehr, um abends nach Hause zu kommen und wieder ins gleiche Restaurant zu gehen, sondern da war irgendwas passiert. Ich wollte mehr. Ich war unruhig. Ich war mit Reiselust infiziert. Das war wie so ein Wespennest, das in meinem Kopf aufgestochen worden war. Ich musste wieder los. Und ich konnte nicht damit leben, irgendwann in der Zukunft wieder Pläne zu machen, sondern es musste jetzt sein, dass da was passiert.

Joe und er tauschten Ideen aus, erwogen erst eine zweiwöchige Reise durch Europa, dann ein dreimonatiges Sabbatical, vielleicht für einen Trip durch Südamerika. Aber Rolf wusste, dass er auch nach anderthalb Monaten beginnen würde, herunterzuzählen: nur noch sechs Wochen, noch fünf, noch vier.

Dieses Enddatum war das Problem. In der Komfortzone hat man ja alles geplant. Man weiß, was kommt, es gibt kaum Überraschungen, und wahrscheinlich war es genau das: Ich wollte das nicht mehr. Ich wollte keine Deadlines haben.

Eines Abends schrieb er Joe eine Nachricht: »Was ist die beste Reise, die wir machen können?« – Rolf schickte die Antwort gleich mit: »Die beste Reise ist die, von der wir nicht wissen, wann sie endet.« Noch am gleichen Abend entstand zwischen den beiden diese Spinnerei:

Wir machen die ganz große Version, die ultimative. Alles hergeben, Job kündigen, Wohnung kündigen, den materiellen Besitz auf ein Minimum reduzieren, nämlich auf das, was auf so ein Motorrad passt, und dann ohne Enddatum aufbrechen. Ziel: einmal um die Welt fahren. Wir wollten irgendwann wieder an unserem Startpunkt ankommen, aber wann, das wussten wir nicht.

Von da an änderte sich mein Leben auf einen Schlag. Ich hatte einen komplett anderen Fokus. Nicht mehr die Karriere, nicht mehr die Komfortzone. Sondern es gab nur noch ein Ziel, nämlich den Tag, an dem ich mich auf das Motorrad setzen und losfahren würde.

Seine Wohnung verwandelte sich in ein Planungsbüro voller Flipcharts und Post-its, Routenbeschreibungen, Packlisten und Ausrüstungsübersichten.

Oben: Oft führte die Route durch einsame Landschaften, wie hier auf dem Weg über die Son-Kul-Ebene in Kirgistan. Unten: Die dünne Besiedelung in den Bergen Kirgistans macht das Wildcampen einfach.

Als der Startzeitpunkt näher rückte, fühlte ich mich, als blicke ich in einen Abgrund, der sich im Bodenlosen verlor, voll nebliger Ungewissheit, in den ich bald springen sollte. Ich war unglaublich nervös, zweifelte an mir. Ich bin nun wirklich nicht der Abenteurertyp, selbst wenn ich das wollte. Ich bin auch kein Sportlertyp. Und ich war damals auch kein besonders guter Motorradfahrer. Aber der Abgrund näherte sich und es gab kein Zurück mehr.

Als der Tag kam, war ich beim Frühstück zu aufgeregt, um irgendetwas herunterzubekommen. Umgeben von Freunden und Familie wankte ich auf unsicheren Beinen zum Motorrad, ergriff den Lenker. Und dann setzte ich mich auf die Maschine – und plötzlich war alles gut. Mit einem Moment! Das war unglaublich, dieses Anlassen des Motors und Losfahren. Das ist dieser erste Schritt. Der Mut, den ersten Schritt zu machen, der kann so viel bewirken. Danach, wenn man ihn gemacht hat, ist alles viel einfacher.

Die Reise bescherte Rolf zahllose unvergessliche Erinnerungen, machte ihm das Unbekannte Stück für Stück zum Bekannten, erweiterte seine Komfortzone.

Im Iran etwa begleitete ihn zunächst ständig die Angst, etwas falsch zu machen, beispielsweise beim Besuch einer Moschee, in der gerade Gläubige beteten.

Kann ich da einfach rein? Was denken die denn? Ich will nicht so ein blöder Tourist sein, der die beobachtet, wie sie beten. Und dann waren alle so herzlich und nett und begrüßten einen mit Handschlag. Man sitzt da, kriegt einen Tee gereicht und schaut sich das an, und keiner stört sich daran. Das war wunderschön: dieses Unbekannte, die Aufgeregtheit, auch ein bisschen die Furcht davor, die Nervosität. Das alles wandelt sich auf einmal in eine unfassbar positive Erfahrung. Das ist so bereichernd – Gänsehaut pur!

Das zog sich eigentlich durch die ganze Reise. Immer, wenn etwas unbekannt war, stellte sich heraus: Ist eigentlich wunderschön hier. Warum hatte ich denn solche Angst?

In Myanmar waren Rolf und Joe verpflichtet, das Land mit einem einheimischen Guide zu erkunden. Zwölf Tage durchfuhren sie es, ein Zeitfenster, das Monate vorher festgelegt worden war. Es war der letzte Termin in Rolfs Kalender gewesen. Sie erreichten schließlich die thailändische Grenze, wo Rolf und Joe sich vom Guide verabschiedeten und allein weiterfuhren.

Irgendwann beim Fahren kam mir der Gedanke, dass ich jetzt gerade keinen einzigen Termin hatte. Also wirklich nichts. Nicht morgen, nicht nächste Woche, nicht in fünf Jahren. Ich war vollkommen frei. Das war nicht nur pure Freude, sondern man fragt sich auch, was mache ich denn jetzt damit? Wir sind so sozialisiert etwas zu tun, produktiv zu sein und uns auf das Nächste zu fokussieren, das wir erledigen müssen. Auf einmal war das alles weg. Es hat viele Tage gedauert, um zu bemerken, was ich damit machen kann. Wahrscheinlich habe ich es auch gar nicht richtig ausgekostet.

Rolf und Joe streiften die in ihnen verankerte Eile langsam ab, blieben länger an Orten, die ihnen gefielen, selbst wenn die letzte ausgiebige Fahrpause erst wenige Tage zurücklag. Das vage Gefühl, jetzt langsam mal weiter zu müssen, wurde ersetzt durch selbstbestimmtes Unterwegssein.

Die Zeit, Pläne zu ändern und ungeplante Dinge zu erleben, die muss man sich lassen. Dem muss man Raum geben, sonst passieren sie nicht. Wenn ich alles durchplane, dann ist da kein Platz für

---

Rund 94 Prozent der Fläche Kirgistans liegen höher als 1000 Meter und bilden teils unwegsames Gebirge. Daher gibt es kaum Ackerbau. Oft aber sieht man Viehherden, die im Sommer auf die Hochebenen geführt werden.

Ungeplantes. Aber die schönsten Dinge, die auf so einer Reise – und eigentlich sogar im Leben – passieren, sind die, die man nicht geplant hat und die man nicht kaufen kann. Und dafür muss man sich ein bisschen Zeit nehmen.

Als die Reise dem Ende entgegenging und Rolf, mittlerweile ohne Joe, in Marokko eintraf, erreichten ihn immer häufiger Nachrichten aus der westlichen Welt. Es waren Nachrichten aus einer Wirklichkeit, aus einer Wahrnehmungs- und Erfahrungswelt, von der er sich weit entfernt hatte. Plötzlich war sie wieder da und drohte vieles von dem zu relativieren, was er erlebt hatte.

Ich setzte mit dem Schiff bei Gibraltar von Marokko nach Spanien über. Am Vorabend, dem 13. 11. 2015, hatten sich die Terroranschläge in Paris ereignet, mit über hundert Toten. Ich wusste, ab morgen bin ich wieder zu Hause, in Europa. Ich beschäftigte mich mehr und mehr mit den Nachrichten und bemerkte, in welchem Kontrast das

---

Die Route führt die beiden vorbei am Mount Everest. Mit der Höhenluft auf über 5200 Metern kommt Rolf gut zurecht, auch wenn sich 100 Meter gehen anfühlen, als sei er sie gerannt.

zu dem stand, was ich in den letzten anderthalb Jahren in 42 Ländern erlebt hatte. Das war mir ungeheuerlich. Die Bilder von Pegida-Demonstranten, die mit einer Aggressivität durch Dresden liefen, wie ich sie auf der ganzen Welt nirgendwo gefunden habe. Oder Trump, der Mexikaner herabsetzte und Muslime ausgrenzte. Das war komplett das Gegenteil von dem, was ich erlebt hatte. Das schockierte mich, ließ mich zweifeln. Ich fragte mich: War ich in einer Blase? War ich vor lauter Entspanntheit blind für Probleme und Negativität, nach dem Motto, ist doch irgendwie überall alles ganz nett? Oder folgte meine Reise zufällig dem einen schmalen Pfad um die Welt herum, auf dem es nicht böse zugeht?

Solche Fragen stellte ich mir. Das fand ich schlimm. Was die Nachrichten von der Welt erzählten, und das, was ich von ihr gesehen hatte, war schwarz und weiß. Andere Welten. Ein völlig anderes Bild.

Wie sollte ich damit umgehen?

Ich erinnerte mich an die Geschichten, die mir widerfahren waren. Nahm mir immer wieder mein Tagebuch, schaute Fotos auf meinem Laptop an und sagte: Nein, das ist nicht falsch. Die Welt ist gut. Sie ist schön und positiv. Das heißt nicht, dass die Nachrichten unwahr sind. Das sind keine Lügen, die da erzählt werden, aber sie sind ein winziger Teil der Wahrheit. Vom anderen Teil, dem weitaus größeren, durfte ich in diesen eineinhalb Jahren einen kleinen Hauch einatmen. Dieser Hauch lässt mich die Welt unglaublich positiv sehen. Und das habe ich mir von der Reise bewahrt. Dabei ist es egal, ob das die Welt in Tansania ist, in Ruanda, Laos, Chile oder Peru. Oder auch die Welt hier bei uns. Ich habe keine Scheu mehr davor, neue Dinge zu entdecken, sondern ich will sie entdecken. Deshalb bin ich auch nicht zu meinem alten Arbeitgeber zurückgekehrt, sondern habe einen neuen Job in einem neuen Unternehmen angenommen. Und ja, ich gehe inzwischen auch in neue Restaurants. Das sind die Anzeichen im Alltag.

Früher hatte ich Angst vor Neuem und den Wunsch, in der Zone des Bekannten zu bleiben. Heute weiß ich, wenn du aus dieser Zone rausgehst, wird es zu 99 Prozent eine Bereicherung für dich selbst sein. Dieser positive Blick auf die Welt und die Lebensqualität, die sich dadurch erhöht, ist der größte Unterschied zu meiner Haltung vor der Reise.

Carmen Rohrbach

AM ANFANG STEHT DAS FERNWEH

◁ ◁ ◁ ◁ ◁ ◁ ◦ ▷ ▷ ▷ ▷ ▷ ▷

Carmen Rohrbach: Meine Träume habe ich bereits in meiner Kindheit und Jugend entwickelt, vor allem seit ich Bücher über Forschungsreisen lesen konnte. Damals hatte ich einen Spruch als Antwort, wenn Menschen mich fragten: »Wo willst du einmal hin?« Ich sagte: »Von Feuerland bis Kamtschatka, vom Nordpol bis zum Südpol« – also die ganze Erde.

Woher dieses Fernweh in mir kam, weiß ich nicht. Mit meiner Familie bin ich nie verreist. Wir hatten damals kein Auto. Ich erinnere mich aber, dass meine Eltern mich, als ich klein war, in einen Fahrradsitz setzten und mit mir herumfuhren. Und tatsächlich weiß ich noch, dass ich dabei ein Bewusstsein für die Landschaft entwickelt habe, vor allem für den Horizont. Ich schaute neugierig umher und wollte wissen, was das für eine Linie sei. Und sagte zu meinen Eltern, ich wolle dorthin und schauen, was dahinter liegt.

Weil mein Fernweh schon so früh da war und es bei niemandem in meiner Familie angelegt war, glaubte ich, irgendetwas müsse mit meinen Genen passiert sein. Weil ich in der DDR aufgewachsen bin, merkte ich früh, es würde entweder sehr schwierig werden oder unmöglich sein, meine Vorstellungen zu verwirklichen. Zudem meinte ich, ich wäre besser ein Junge geworden. Dann wäre ich viel kräftiger und würde die Strapazen, die mich einmal erwarten würden, leichter ertragen können. Die Autoren der vielen Bücher über Entdeckungs- und Forschungsreisen, die ich las, waren alles Männer. Deshalb glaubte ich, dass ich als Forschungsreisende völlig ungeeignet sei. Ich spürte jedoch von Anfang an: Dieser Lebensweg war so in mir angelegt. Ich musste in die Ferne aufbrechen, wie diese Männer, in Wüsten, Wälder und Gebirge, nicht jetzt gleich, aber irgendwann. Und so begann ich zu trainieren, jedes Mal, wenn ich wieder solch ein Buch in die Hände bekam. Ging es um eine Wüste, in der eine Karawane fast kein Wasser mehr hatte, probierte

---

»Unterwegs sein ist mein Leben«, sagt die Reiseschriftstellerin und promovierte Biologin Carmen Rohrbach über sich selbst.

ich aus, wie lange ich selbst auskam ohne zu trinken. Las ich von den Nord- und Südpolexpeditionen, testete ich, wie viel Kälte ich aushielt. Schon damals erprobte ich diese Dinge in meiner Fantasie – und ein bisschen in der Wirklichkeit.

Und dann sah ich die Meeresechsen.

Immer, wenn ich zur Schule ging, kam ich unterwegs an einem Kino vorbei. Eines Tages entdeckte ich dort schwarzweiße Werbeplakate für einen Film von Heinz Sielmann. Sie zeigten Echsen, wie ich sie noch nie gesehen hatte, und Riesenschildkröten in einer eindrucksvollen Landschaft. Weil es ein Abendfilm war, durfte ich ihn allein nicht sehen. Also bat ich meine Eltern mich zu begleiten. Sie taten es und was ich an diesem Abend in diesem Kino sah, versetzte mich in eine andere Welt. Ich wusste nicht, dass es ein westdeutscher Film war, von dem die Zensurbehörden geglaubt hatten, er sei harmlos, denn er zeige ja nur Tiere. Diese Behörden konnten nicht ahnen, dass genau dieser Film etwas bei mir in Gang setzen würde, das sie nicht mehr aufhalten konnten.

Nur eine von vielen Reisen: Ein Jahr lang war Carmen im Jemen unterwegs, vier Monate davon allein mit einem Kamel in der wüstenartigen Region Hadramaut.

Nachdem wir den Film geschaut hatten, verkündete ich meinen Eltern, dass ich diese Trauminseln eines Tages auch besuchen wollte. Sie antworteten, ich könne das vielleicht schaffen, wenn ich Biologie studierte. In Wirklichkeit wussten sie natürlich, dass beides hochgradig unwahrscheinlich war: erstens, dass ich jemals einen Fuß auf Galapagos setzen, und zweitens dass ich Biologie studieren würde. Ich war damals nicht besonders gut in der Schule, weil ich dachte, dort lerne ich nichts Gescheites, nichts, was ich brauche für mein späteres Leben.

Aber nun wurde mir ein mächtiger Gedanke eingepflanzt und weckte meine Motivation, bessere Noten zu erhalten.

Der Gedanke schlug Wurzeln, wuchs und verfestigte sich. Mit ihm entwickelte sich in Carmen Rohrbach die Bereitschaft, alles zu tun, was notwendig war, um ihn zu verwirklichen. Dass genau das, nämlich seine Verwirklichung, nahezu unmöglich war, blendete sie erfolgreich aus – jedenfalls meistens.

Ich hätte nicht leben können, hätte ich nicht daran geglaubt. Ich musste einfach davon ausgehen, dass es mir gelingen würde. Für meine Freunde waren kleinere Reisen an die Ostsee oder in die Hohe Tatra etwas Großartiges, aber für mich war das alles wie ein Vorspiel. Das war es noch nicht. Sicher, manchmal verzweifelte ich. Dann kam mein Realitätssinn durch, und ich fragte mich, ob das alles nur ein Traum bleiben würde …

Carmen schloss die Schule ab und studierte: Biologie. Sie hoffte, Forschungsreisen zumindest in die sozialistischen Länder unternehmen zu können. Sie erfuhr von Wissenschaftlern, die jedes Jahr in der Mongolei forschen, und bewarb sich mit dem Diplom in der Tasche an der Universität in Halle, die die Forschungsreisen in die Mongolei organisierte. Ein anderes Mal bewarb sie sich für ein Projekt auf Kuba und lernte dafür monatelang Spanisch, ein drittes Mal für Meeresbiologie in Rostock. Jedes Mal wurde sie abgelehnt. Begründung: Verwandte in Westdeutschland.

Bei den staatlichen Stellen dachte man, mit Verwandten in Westdeutschland als Anlaufstation und Unterstützung, sei man eher fluchtbereit. Dass ich gar nicht nach Westdeutschland wollte, sondern in die Welt hinaus, ahnten sie nicht. Ich wäre sicher auch wieder zurückgekommen, hätten sie mich reisen lassen. Ich wollte ja meine Eltern und meine Geschwister nicht verlassen, zudem war ich politisch nicht gegen die DDR eingestellt. Neben meinen Träumen hatte ich gar keinen Raum, mich mit der Realität in der DDR zu beschäftigen, ich war weder dafür noch dagegen. Aber nach den drei Absagen begriff ich, dass ich in einer Sackgasse war. Es gab für mich keinen Weg zum Amazonas, in die Anden, in die Atacama-Wüste oder gar auf die Galapagosinseln. In der DDR würde ich meine Träume niemals realisieren können.

In diesem Zeitraum lernte ich meinen damaligen Freund in einem Tauchclub kennen. Und er hatte einen Fluchtplan. Er weihte mich ein und gab mir eine Woche Bedenkzeit. Aber mir war sofort klar: Ja! Das ist der Ausweg! Das ist das Licht am Ende des Tunnels.

Ich war selbst erstaunt über mich, wie leicht mir die Entscheidung fiel. Weil ich so verwurzelt in meiner Heimat war, hatte ich nie bewusst über eine Flucht nachgedacht, aber in meinem Unterbewusstsein musste das bereits angelegt gewesen sein. Es war, als legte jemand einen Schalter um.

Meinem Freund gegenüber gab ich nicht zu, dass ich sofort bereit war. Damit er mich nicht für leichtsinnig hielt, versprach ich ihm, seinen Vorschlag gründlich zu durchdenken und ihm in einer Woche meine Antwort mitzuteilen. Aber für mich gab es nichts zu überlegen. Ich hatte meinen Ausweg gefunden.

Seine Idee erschien mir nicht lebensgefährlich: mit einem Schlauchboot über die Ostsee Richtung Dänemark zu paddeln. Das sind ungefähr fünfzig Kilometer, für diese Anstrengung war ich gut trainiert. In einer Augustnacht brachen wir auf.

In Neoprenanzügen stiegen die beiden ins Wasser und schwammen los, ein Schlauchboot hinter sich herziehend, in das sie steigen wollten, nachdem sie die fünf-Meilen-Zone unentdeckt überwunden hatten. Doch in Ufernähe kreuzte bereits der Suchscheinwerfer eines Küstenwachbootes die Wellen. Carmens Freund zerstach rasch das Boot und brachte es zum Sinken, und der Lichtkegel wanderte weiter.

Wir waren noch nicht weit gekommen, konnten die Küste noch sehen und hätten eigentlich zurückgemusst. Schwimmend fünfzig Kilometer zurücklegen, gegen die Strömungen? Sinnlos. Aber gleichzeitig dachte ich: lieber sterben, als nicht so leben zu können, wie es mir seit meiner Geburt bestimmt war. Für mich wäre eine Rückkehr in die DDR wie ein Todesurteil gewesen. Und so versuchten wir es, obwohl es eigentlich Selbstmord war.

Mit Schnorcheln und Taucherbrillen schwammen sie weiter, beinahe unsichtbar im Gekräusel der Wellen. Ein einziges Schiff, das ihnen so nahe kam, dass sie den Sog der Schiffsschraube spürten, fuhr an ihnen vorüber, ohne dass jemand ihre Hilferufe bemerkt hätte. Nachdem sie eine Nacht, einen Tag und den Großteil einer weiteren Nacht geschwommen waren, stießen sie, dem Tod näher als dem Leben, auf eine Leuchtboje, auf die sie hinaufkletterten. Am folgenden Morgen wurden sie von der Besatzung einer polnischen Yacht entdeckt, der gegenüber sie sich als Dänen ausgaben, die beim Tauchen von ihrem Boot abgetrieben worden waren. Die Lüge ging nicht auf. Einige Stunden später erschien ein Kriegsschiff der Nationalen Volksarmee und nahm die beiden gefangen – in Internationalen Hoheitsgewässern, 35 Kilometer von der Heimatküste entfernt. Wenig später wurde Carmen zu 32 Monaten Haft verurteilt und im Frauengefängnis Schloss Hoheneck eingesperrt.

Obwohl ich wusste, dass mich eine mehrjährige Haft erwartete, war ich nicht allzu sehr enttäuscht, dass die Flucht gescheitert war. Ich

Allein mit den Meerechsen: Robinsonleben auf Galapagos, etwa 1000 Kilometer von der südamerikanischen Küste entfernt

war froh am Leben zu sein und Schlimmeres als der Tod konnte mir auch im Gefängnis nicht passieren. Ich war entschlossen weiterzukämpfen und mich nicht unterkriegen zu lassen. Ich bin eben ein Kämpfertyp. In Situationen, in denen andere Menschen vielleicht schwach werden, werde ich stärker.

Bisher war ich ein fügsames Mitglied dieses Staates gewesen – Schluss damit. Fortan war ich seine Gegnerin.

Ich war wochenlang allein in einer Zelle. Es war unglaublich schmerzvoll, weil mein Geist gar nicht mehr gefordert war. Ich hatte nichts, womit ich mich hätte beschäftigen können. Liegen durfte man tagsüber nicht, sondern nur sitzen und in die Luft gucken. Nichts zu lesen, nichts zu schauen – es gibt keine Worte, um zu beschreiben, wie weh es tut, wenn man Minute für Minute gar nichts tun kann. Doch nach 17 Tagen begann mein Kopf seine Fantasien zu entwickeln: von Büchern, die ich gelesen hatte.

Ich erinnerte mich, bei der Untersuchung zu Haftbeginn auf dem Schreibtisch des Arztes Bleistifte gesehen zu haben. Ich brauchte einen dieser Bleistifte, denn ich wollte meine Gedanken niederschreiben. Ich drückte den Notfallknopf und behauptete furchtbare Bauchschmerzen zu haben. Man brachte mich zum Gefängnisarzt, wo ich den passenden Moment abwartete und, als er sich die Hände wusch, einen Stift klaute. Damit notierte ich auf Toilettenpapier meine Ideen. Das half, ich hatte eine Aufgabe. Schon damals hatte ich den Wunsch, eines Tages über meinen Fluchtversuch und die Haft ein Buch zu schreiben.

Dann wurde ich mit zwei anderen Frauen zusammengelegt. Die fanden meine Kritzeleien, und meldeten mich, aus Angst, selbst bestraft zu werden. Ich erhielt Arrest. Ohne Essen und ohne Decke, allein in einer kleinen, kalten Zelle. Der Umgang mit uns war wirklich menschenverachtend und die Zeit im Gefängnis war schlimmer, als ich erwartet hatte. Interessanterweise half mir genau das. Wäre ich aus irgendeinem Grund in Westdeutschland inhaftiert worden, wo die Bedingungen humaner waren, hätte ich wohl mehr gelitten. Ich hätte die Freiheit vermisst und gelitten, weil meine Lebenszeit nutzlos verstrichen wäre. Aber es ging den DDR-Schergen nicht allein darum, uns einzusperren und zu bestrafen, sondern darum, uns zu brechen. Und das rief meine Widerstandskraft hervor. Ich schwor mir: Mich kriegt ihr nicht. Ich habe für die Wildnis trainiert, für die Antarktis und die Wüsten, und ich halte das alles aus. Sagten sie uns auf dem Hof, wir sollten hintereinander und mit den Händen auf dem Rücken gehen, scherte ich ein wenig aus und nahm die Hände nach vorn oder zur Seite. Befahlen sie uns: »Gesicht zur Wand!«, dann schaute ich woanders hin. Immer das Gegenteil von dem, was sie mir sagten. Kleinigkeiten, Nichtigkeiten. Aber im Sinne meiner Mission war es hilfreich: zu kämpfen und Widerstand zu leisten. Ich bin wohl eine der Wenigen, die diese furchtbare Zeit ohne Spuren überstanden haben. Alle, die ich kenne, haben körperliche und seelische Wunden davongetragen. Mich hat diese Erfahrung hingegen positiv beeinflusst und gestärkt.

Weil sie mit Hungerstreiks und Arbeitsverweigerung deutlich machte, für den Sozialismus nicht zurückgewonnen werden zu können, wurde Carmen nach zwei Jahren von der Bundesrepublik freigekauft. Nun war die Zeit gekommen, in die Ferne aufzubrechen. Aber reisen um des Reisens willen, das wollte Carmen nie.

Ich bin keine Reisende. Ich wollte immer forschen, etwas finden, beobachten, beschreiben. Von Anfang an hatte ich die Vorstellung, von einem Institut oder einer Universität Forschungsaufträge zu bekommen. So war es auch in den Büchern gewesen, die ich gelesen hatte: Die Entdeckungsreisenden sind zum Beispiel von der National Geographic Society in die Welt hinausgeschickt worden. Bücher schreiben und Filme drehen, all das wollte ich nebenbei machen.

Die diplomierte Biologin bewarb sich in Bayern am Max-Planck-Institut in Seewiesen, ließ sich nicht abwimmeln, als man ihr mitteilte, es herrsche Einstellungsstopp, und promovierte dort über die Mongolische Wüstenrennmaus. In die Mongolei, nach der sie sich seit ihrer Kindheit sehnte, kam Carmen trotzdem nicht, denn die Mäuse untersuchte sie im Labor des Instituts. Aber nach der Promotion bot man ihr, ohne dass sie je von jenem folgenschweren Kinobesuch erzählt hatte, die erste und einzige Forschungsreise ihres Lebens an: zum Galapagos-Archipel!

Auch so viele Jahre später kann ich es selbst noch immer nicht glauben, dass ein Mensch so viel Glück haben kann. Dass jemand das Wahnsinnsunternehmen durch die Ostsee zu schwimmen überlebt, klingt ja schon absurd. Dann das Gefängnis unbeschadet zu überstehen, sogar mit zusätzlicher Kraft ausgestattet. Dann vom einzigen Institut Deutschlands beschäftigt zu werden, das sich damals tiefergehend der Verhaltensforschung widmete. Und dann auf die Galapagos-Inseln geschickt zu werden. Wirklich seltsam. Kaum zu glauben!

Als ich die Inseln erreichte, spürte ich sofort: Hierher gehörte ich, in diese Natur, in diese Art zu leben. Ein Traum, eine Erfüllung – all diese Worte sind zu abgenutzt. Ich habe ein ganzes Buch gebraucht, um auszudrücken, was ich damals empfand und erlebte.

Ich suchte mir die knapp zehn Hektar große, menschenleere Insel Caamaño aus, die kein Tourist betreten durfte. Dort verbrachte ich ein Jahr inmitten der Meerechsen, die es auf Galapagos, und nur dort, seit drei bis fünf Millionen Jahren gibt. Damals sind bei starken Regenfällen Pflanzeninseln aus dem Dschungel auf dem südamerikanischen Festland in den Pazifik abgetrieben. Einige wenige Reptilien überlebten diese Driftreise, tausend Kilometer in der Äquatorsonne, und strandeten auf den Inseln. Hier gab es keinen Urwald, nur schwarze Lava. Sie passten sich an, lernten Algen zu fressen, ins Meer hinabzutauchen, Salzwasser zu trinken und überlebten.

Ich sammelte sogenannte Basisdaten über ihre Kolonie, zum Beispiel: Wie viele Jungtiere überleben die Schlupfzeit? Wie schnell wachsen sie heran? Wieder und wieder vermaß und wog ich die Echsen. Ich lebte in meinem kleinen Zelt mitten unter ihnen, ohne Strom, ohne Telefon, ohne Gesellschaft. Nicht nur die Meerechsen, auch die Seelöwen waren sehr unterhaltsam. Spülte ich mein Geschirr im Meer ab, kamen sie und klauten mir Teller und Tassen, um mit ihnen zu spielen. Nie hatte ich das Gefühl einsam zu sein. Es war so, wie ich es mir erträumt hatte.

Nach ihrer Rückkehr war für Carmen an ihrem Institut keine Stelle als Wissenschaftlerin frei. In ihr reifte der Wunsch, den Menschen, die nicht die Möglichkeit hatten zu reisen, von der Schönheit der Erde zu berichten. Sie begann das Schreiben, Fotografieren und Vorträgen ins Zentrum ihrer Arbeit zu rücken. Mit zahllosen Expeditionen auf fast allen Kontinenten verwirklichte sie nach und nach die Leseträume ihrer Jugend: mit einem Dromedar wanderte sie durch den Jemen, in der Mongolei lebte sie bei Nomaden und in Kenia bei den Massai, mit einem Esel folgte sie über tausend Kilometer dem Nil von Abu Simpel bis Alexandria und radelte entlang der Donau vom Schwarzwald zum Schwarzen Meer.

Gerade das offenbar Lebensfeindliche zieht mich an. Gebiete, die wir Menschen mit unserer heutigen Zivilisation noch nicht so sehr verändert haben. Wildnis eben. Patagonien. Feuerland. Die Anden. Die Mongolei. Kanada. Dort, wo wenige Menschen sind. Jene Menschen, die dort leben, die interessieren mich. An ihrem Leben nehme ich gern teil, denn bei ihnen habe ich gelernt, wie ähnlich wir uns alle sind, selbst wenn wir anderen Kulturen entstammen und andere Prägungen haben.

Um dieses Leben zu führen, ständig auf Reisen zu sein und so viele Orte und Menschen zu besuchen, hat Carmen auf einiges verzichtet: auf eine Familie, auf ein festes Einkommen. Empfand sie das je als Opfer?

Weder als Opfer noch als Verzicht. Sondern als Notwendigkeit. Und das war mir ja schon früh klar. Es klingt seltsam, dass ein Kind mit zwölf oder vierzehn schon weiß, wie es sein Leben gestalten möchte. Ganz genau wusste ich es natürlich nicht: nicht in jedem Detail. Aber mir war klar, dass ich mit meinen Träumen ein klassisches Familienleben nie werde führen können. Das habe ich meinen Eltern damals auch so verkündet. Meine Mutter sagte: »Werde erst einmal erwachsen, das kommt dann von selbst. Du wirst schon eine normale Frau werden.« Ich sagte: »Ich bin ja normal, aber ich will ein anderes Leben.«

Ich glaube, viele Menschen lassen sich leben. Sie denken, sie müssten dies oder jenes tun, weil es von ihnen erwartet wird. Das finde ich schade. Es muss ja kein Leben wie meines sein, aber ich denke, ein erfülltes, intensives Leben wird es erst dann, wenn wir es in unsere eigenen Hände nehmen und selbst gestalten.

Und so habe ich es gemacht.

Rüdiger Nehberg
ABENTEUERN EINEN SINN GEBEN

◄ ◄ ◄ ◄ ◄ ◄ ⊙ ► ► ► ► ► ►

Als Rüdiger Nehberg in Brasilien 1980 das erste Mal von den Yanomami-Indianern erfuhr, ahnte er nicht, dass dieses Volk seinem Leben einen neuen Sinn geben würde.

Rüdiger Nehberg: Brasilianische Menschenrechtler erzählten mir, die Yanomami seien eines der allerletzten, ursprünglich lebenden Völker auf dem gesamten amerikanischen Kontinent. Man schätzte ihre Population auf zwölftausend Menschen, in einem Wald von der Größe der Schweiz. Die brasilianische Regierung behauptete stolz und werbewirksam, das unberührte Gebiet sei unter Schutz gestellt, von einem Militärgürtel umschlossen, durch den kein Fremder gelassen würde. Aber meine Kontakte vermittelten mir ein anderes Bild. Sie berichteten, im Land der Yanomami sei Gold entdeckt worden, und nun finde eine Invasion durch 65 000 Goldsucher statt, mafiös gesteuert aus der Stadt Boa Vista heraus, mit vierhundert Flugzeugen und Dutzenden, im Dschungel verborgenen Landepisten. Mir war klar: Wenn es stimmte, was die Menschenrechtler sagten, hatten die Indianer keine Chance. Es war wie in den nordamerikanischen Indianerkriegen hundert Jahre zuvor: Pfeil und Bogen gegen Feuerwaffen.

Nehberg beschloss, sich vor Ort selbst ein Bild zu machen. Aber vorher wollte er sich vorbereiten und ersann den mittlerweile legendären Deutschlandmarsch. In 23 Tagen lief er im Jahr 1981 tausend Kilometer von Hamburg bis Oberstdorf und lebte nur von dem, was er am Wegesrand fand. Noch heute, vier Jahrzehnte später, erzählt er von dieser Unternehmung überschwänglich und mit leuchtenden Augen.

Ich habe vor jeder Reise versucht alle denkbaren Gefahren zu analysieren und mich mit einigen Assen im Ärmel dagegen zu wappnen.

Abenteurer und Aktivist: Rüdiger Nehberg ist Deutschlands bekanntester Experte für Survival.

In dieser Hinsicht war der Deutschlandmarsch eine hervorragende Erfahrung. Unterwegs nahm ich 25 Pfund ab und sah bei der Ankunft aus, wie mein eigener Leichnam, so faltig, wie ich heute mit 83 noch nicht aussehe. Aber anschließend war ich sicher: Ich komme durch, egal was passiert. Wenn ich in Brasilien vom Militär, das Fremde angeblich nicht passieren ließ, gefangen genommen würde und entkommen könnte, dann wäre ich in der Lage, tausend Kilometer ohne jede Ausrüstung locker zu schaffen. Wenn mir das im kalten Deutschland gelungen war, würde ich es im Urwald doppelt so weit schaffen. Der Mensch braucht die meiste Nahrung für Kraft und Wärme. Und die Wärme würde mir dort die Natur liefern. Im Notfall findet man immer noch eine Ratte, eine Maus, einen Vogel, einen Wurm. Tatsächlich hatte ich bei meinen Expeditionen immer genug zu essen, auch weil ich Ekelüberwindung gelernt hatte.

Nach dem Deutschlandmarsch fühlte sich Nehberg bereit für den Urwald und brach nach Südamerika auf. Ein Fischerboot setzte ihn an der Peripherie der brasilianischen Zivilisation aus. Nun war er allein. Ausgerüstet mit Kompass, Machete und Mundharmonika lief er ins Yanomami-Land. Alle fünfzehn Minuten spielte er auf der Mundharmonika eine kleine Melodie, um sich anzukündigen und seine Harmlosigkeit zu unterstreichen. Zum gleichen Zweck trug er nichts als eine Badehose und Sandalen. So wollte er sicherstellen, nicht für einen Goldsucher gehalten und erschossen zu werden.

Nach fünf Tagen standen auf einmal drei Yanomami vor mir. Ich habe mich so was von erschrocken! Man muss sich das vorstellen: Es gibt keinerlei Wege. Der Urwald ist unten dicht mit kleinem Gestrüpp bewachsen. Ihre braune Haut verschmilzt mit dem Laub auf dem Boden, eine perfekte Tarnung. Zusätzlich sind sie oft bemalt mit Linien und Schatten. Sie verschwinden einfach im Humus. Und plötzlich standen sie also vor mir.

Diesen Moment hatte ich mir oft mit autogenem Training vorgestellt. Ich hatte mich gefragt: Würde die erste Begegnung ein Pfeil im Bauch sein? Würden Sie sich gar nicht blicken lassen, und die ganze Reise wäre für die Katz? Oder würden sie mich aufnehmen? Und für diesen Fall der Begegnung hatte ich ein Programm vorbereitet. Ich rief: »Nicht schießen, ich bin ein Freund!«, den einzigen Satz, den ich in ihrer Sprache kannte. Dann machte ich Purzelbäume, schlug Räder … alles, was sich in der Enge des Waldes machen ließ. Schließlich zückte ich die Mundharmonika und blies rein.

Oben: Rüdiger und Annette Nehberg engagieren sich mit ihrem Verein TARGET e.V. u.a. für den Schutz der Mädchen, wie hier in Dschibuti. Unten: Speere, Schlangenhäute und Haigebisse: Mitbringsel aus aller Welt in Rüdiger Nehbergs Wohnzimmer

Sie standen da und staunten Bauklötze. Die Neugierde überwog. Sie lächelten. Die Pfeile blieben gesenkt und sie nahmen mich mit. Das war der historische Moment in meinem Leben.

Nach etwa einem halben Tag erreichten wir ihr Dorf. Ich wäre daran glatt vorbeigelaufen, wäre ich nur zwanzig Meter entfernt gegangen. Nun wurde ich neugierig umrundet. Ich wiederholte immer wieder meinen Satz »Nicht schießen«, blies die Mundharmonika, schlug das Rad, spielte den Clown. Und kriegte schließlich vom Häuptling einen Platz zugewiesen für meine Hängematte.

Nehberg machte sich nützlich, versorgte Kranke, half einigen von ihnen mit Malariatabletten, die er mitgebracht hatte. Nach einer Woche passierte ein Mann das Dorf, der etwas Portugiesisch sprach, eine Sprache, die Nehberg sich in Vorbereitung auf diese Reise beigebracht hatte. Mit seiner Hilfe konnte Nehberg endlich klarmachen, was er wirklich wollte. Er habe gehört sie würden bedroht, er habe aber noch keine Bedrohung gesehen – ob sie ihn an die Front bringen könnten? Fünf junge Männer erklärten sich dazu bereit.

Wir zogen für Tage durch den Wald. Sie waren bewaffnet mit ihren Pfeilen, ich hatte mein Haumesser. Schließlich standen wir auf einem Hügel und hatten einen Blick auf eine große Rodung. Darauf: eine Landepiste, links und rechts davon einzelne Baracken, eine Kneipe, ein Laden, eine kleine Siedlung. Eine Maschine nach der anderen, kleine Propellerflugzeuge, brachte Menschen und Material.

Später erfuhr ich, dass es bereits 120 solcher illegalen Pisten gab, und ständig entstanden neue. Hätte man die brasilianischen Gesetze respektiert, hätte nicht einmal ein Fisch gefangen werden dürfen ohne die Erlaubnis der Indianer, geschweige denn ein Baum gefällt. Hier herrschte Bürgerkrieg. Die Yanomami hatten keine Chance. Und für mich stand fest: Ich werde dagegen Front machen. À la Bertholt Brecht sagte ich mir, wer kämpft, kann verlieren, aber wer nicht kämpft, hat schon verloren. So begann ein über zwanzig Jahre währendes Engagement.

Ein ums andere Mal kehrte ich zurück, mit wechselnden Begleitern, und produzierte Bildbeweise. Einmal schleuste ich mich in die Mafia ein und verdingte mich undercover als Goldsucher. Ein Freund von mir dokumentierte das mit versteckter Kamera und zeigte, wie die Goldsucher arbeiteten und gegen die Ureinwohner vorgingen. Stück für Stück wurden die Medien zu meiner großen, zu meiner wichtigsten Waffe. Ich lernte, wie hilfreich ein gewisser

Bekanntheitsgrad war. Und dass ich wahre Spektakel veranstalten musste, um die Medien zu interessieren, wie es mir beispielsweise mit meinen drei Atlantiküberquerungen gelang. Mit einem Tretboot, einem Bambusfloß und einer riesigen Tanne setzte ich über und brauchte dafür bis zu einem Vierteljahr. Das waren grandiose Abenteuer, aber das Wichtigste: Über meinem Gefährt flatterte ein großes Segel mit dem Appell, die Yanomami zu schützen, so wie es die brasilianische Verfassung verlangte. Die Medien berichteten, die Botschaft prägte sich ein, die Sympathisanten gewannen Mut. Darum ging es mir: meinen Abenteuern Sinn zu geben.

Bei den Yanomami erlebt Rüdiger den traditionellen Indianer-Alltag – und wird Zeuge der Bedrohung durch die Goldsucher.

1977 durchquert Rüdiger mit zwei Freunden
die Danakilwüste in Äthiopien.

Diese Mischung aus Abenteuer und Sinn hat mein Leben beflügelt!

Später pilgerte ich zum Papst und bat ihn um Hilfe. Vor der Weltbank zeigte ich auf, dass die brasilianische Verfassung mit Füßen getreten wurde. Mit solchen Aktionen, aber auch mit Filmen, Büchern und Vorträgen, war ich Teil einer Bewegung, die dafür sorgte, dass die Lobby für die Yanomami stetig wuchs. Langsam kamen wir voran. Im Jahre 2000 war der öffentliche Druck dann so groß, dass die Ureinwohner endlich ihren Frieden bekamen. Die Verfassung wurde durchgesetzt und die Goldsucher vertrieben, indem man ihren Nachschub abriegelte. Der Spuk war einstweilen vorüber.

Mittlerweile werden einige der damaligen Verfügungen leider wieder missachtet. Ich fürchte, unsere Habgier ist stärker als unser Verstand und unsere Rücksicht auf Menschenrechte. Die Indianer müssen sich wohl darauf einstellen, dass sie ihre ursprüngliche Lebensweise nicht für immer bewahren können. Ich bedaure das aus vielen Gründen. Bei den Yanomami wurde mir die Differenz zwischen ihrer Welt und unserer Welt klar. Dieser Überfluss, diese Explosion an Wissen, das blitzschnelle, digitale Vermilliardenfachen per Handy. Das hat es noch nie gegeben. Dort, in Brasilien, erlebte ich eine Kultur, die kein Fortschrittsdenken kennt. Keine Altenheime. Kein Plastik, keinen Müll. Ich lernte, dass man von der Umgebung leben kann, bescheiden, in einfachster Weise. Alles, was die Indigenen brauchten, gab ihnen die Natur: Waffen, Medizin, Baumaterial. Natürlich geht das in unserer Welt nicht, in der wir uns explosiv vermehrt haben. Wir brauchen Landwirtschaft und Viehzucht. Jede Kultur muss sich an ihre Gegebenheiten anpassen. Aber bei den Yanomami habe ich andere Wertungen gelernt, mehr Bescheidenheit.

Im Jahr 2000 fand Rüdiger Nehberg eine neue Herausforderung: Zusammen mit seiner Frau Annette gründete den Verein TARGET e.V. Die Arbeit für diesen Verein bezeichnet er auf seiner Website als seine »finale Herausforderung und höchste Lebenserfüllung«. Ein Ziel sind der Regenwald und die Ureinwohner geblieben. Mittlerweile hat Brasilien TARGET erlaubt, bei allen Indigenen mit Gesundheitsprojekten zu arbeiten. Der Verein hat beim Volk der Waiãpi gerade die dritte Krankenstation eröffnet.

Der zweite Schwerpunkt und Anlass der Gründung von TARGET war der Wunsch, den Kampf gegen das monströse Verbrechen weiblicher Genitalverstümmelung aufzunehmen. Ich kannte dieses

Rüdiger arbeitet undercover als Goldsucher, um die illegalen Praktiken aufzudecken, die das Land der Yanomami bedrohen.

Drama, seit ich vor vierzig Jahren mit zwei Freunden die Danakilwüste in Äthiopien durchquert hatte. Dort war uns eine Frau begegnet, die uns von diesem Brauch berichtet hatte. Ihr Schicksal wurde ein Kapitel in meinem Buch.

Ich war damals viel zu jung, um mir vorstellen zu können, mich als Fremder in eine derart alte, religiös begründete Tradition einzumischen. Aber durch die Erfahrungen, die ich bei der Arbeit für die Yanomami gesammelt hatte, traute ich mir das nun zu. Ich wusste, dass täglich achttausend Mädchen weltweit verstümmelt werden, dass davon achtzig Prozent Muslimas sind und dass dies mit dem Koran falsch gerechtfertigt wird. Mir war bekannt, dass der Koran die Beschneidungen nicht befürwortete, im Gegenteil. Es handelt sich um einen fünftausend Jahre alten, vorislamischen Brauch.

Ich hatte sehr viel Positives mit dem Islam erlebt. Bei unserer Danakilreise gerieten wir in die Kämpfe zwischen Äthiopien und Eritrea, die damals Krieg führten, und sollten zweimal erschossen werden. Unsere Bodyguards, die uns der Sultan anvertraut hatte, stellten sich mit ihren Körpern demonstrativ wie lebende Schilde vor uns und riefen den Angreifern zu: »Wenn ihr sie töten wollt, müsst ihr durch uns durchschießen.« Ich habe viele andere, denkwürdige Erlebnisse gehabt. So zum Beispiel eine gigantische Gastfreundschaft, wie ich sie in keiner anderen Kultur erlebt habe. Die letzte Dattel oder der letzte Tropfen Wasser sind Eigentum des Gastes. Ich fühle mich dem Islam verbunden und verpflichtet.

Vor diesem Hintergrund war ich mir sicher, unter den Muslimen ausreichend Unterstützung zu finden, um das Drama der weiblichen Genitalverstümmelung zu beenden. Für diese Idee suchten wir Partner in deutschen Menschenrechtsorganisationen, die im Hintergrund die bürokratische Arbeit machen sollten, während ich vor Ort sein würde.

Diese Organisation fanden wir jedoch nicht. Unsere Ideen wurden als absurd und die Muslime als nicht dialogfähig abgetan. Man befürchtete: »Die schneiden dir die Kehle durch!«

Mit solchen Stubenhockern, die im Grunde ihre Angst mit wohlfeilen Sprüchen kaschieren, wollten wir unsere Zeit nicht vergeuden. Wir wollten von diesen Bedenkenträgern unabhängig sein. Wollten entscheiden können, ohne etliche Gremien vorher überzeugen zu müssen. Die logische Folge war die Gründung unserer eigenen Menschenrechtsorganisation TARGET e.V.

Damit begann ein ganz neues Abenteuer.

Es war ein Abenteuer, das die Nehbergs zunächst zurück in die äthiopische Danakilwüste führte, wo sie die Verstümmelungen mit schockierenden Fotos dokumentierten, um aufklären und Leugnern entgegentreten zu können. Im Sultan des Nomadenvolks der Afar, Ali Mirah, den Rüdiger von seinen früheren Reisen her kannte, fanden sie einen ersten, einflussreichen Mitstreiter. Er zeigte sich entsetzt über den Brauch, der trotz seiner Verbreitung ein gesellschaftliches Tabu ist und auch bei seinen eigenen Töchtern praktiziert worden war, ohne dass ihm das Ausmaß ihres Leidens bewusst gewesen wäre.

Er gestattete uns die Umsetzung unserer nächsten Idee: alle Clanführer zu einer Konferenz unter freiem Himmel zusammenzuführen, irgendwo am Rande der Wüste, im Schatten eines großen Versammlungsbaumes.

Nicht nur die Clanführer und die höchsten Geistlichen dieses Volkes kamen, sondern auch viele Frauen. Wir erwarteten ein paar Dutzend Teilnehmer, aber es erschienen sechshundert! Ich stellte mich ihnen mithilfe eines Dolmetschers vor und erzählte, dass ich hier war, um meinen Dank auszusprechen. Ich berichtete, wie mir ihre Väter vierzig Jahre zuvor zweimal das Leben gerettet hatten. Sie waren ganz still und ich spürte, dass sie uns nicht länger als die fremden Besserwisser aus dem christlichen Europa betrachteten, sondern als Nomaden, die wir in gewisser Hinsicht ja auch waren. Wir waren sprichwörtlich auf Augenhöhe gekommen, mit eigenen Kamelen.

Und dann verkündeten die Geistlichen, vom Sultan instruiert, der Brauch müsse beendet werden. Sie bestätigten, was ich zuvor gesagt hatte: dass der Brauch im Koran nicht etwa befürwortet wurde, sondern dort im Gegenteil geschrieben stand, Allah habe den Menschen perfekt geschaffen – also auch die Frau! Es sei an der Zeit, diese vorislamische Tradition abzuschaffen. Und tatsächlich, nach zwei Tagen wurde der Brauch per Stammesbeschluss verboten. Der Sultan unterschrieb das Gebot. Das war der erste messbare Erfolg. Und der Anfang eines Engagements, das uns bis heute antreibt.

Später begaben wir uns nach Mauretanien und zeigten unsere verstörenden Bilder dem Großmufti, der den Brauch schriftlich zur Sünde erklärte. Ein Durchbruch! Er sagte uns: »Dies ist ein historischer Tag für mein Land, aber wie erfahren das unsere Nomaden draußen in der Wüste? Sie hören kein Radio, lesen keine Zeitung. Hätten Sie nicht Lust, die Botschaft zu verbreiten? Das müsste auf traditionelle Weise geschehen, mit einer Kamelkarawane.«

Er hatte noch gar nicht zu Ende gesprochen, da war in mir schon der alte Karawanenführer erwacht. Ich sprang auf und versprach ihm, genau das zu tun.

So kam es zur Karawane der Hoffnung, in der wir mit einigen Begleitern und einem guten Dutzend Kamelen durch die mauretanische Wüste zogen, von Oase zu Oase, von Zelt zu Zelt. Auf sie folgte eine Konferenz in Kairo, die Internationale Gelehrtenkonferenz für das Ende weiblicher Verstümmelung unter der Schirmherrschaft des Großmuftis, Professor Ali Goma'a. Mit ihr gelang es uns, die zehn höchsten Geistlichen des Islam an einem Tisch zu versammeln. Ich als Gastgeber durfte mit ihnen an diesem Tisch sitzen: der erwähnte Großmufti Ägyptens, der Großscheikh Prof. Tantawi und am Ende der Großbäcker Rüdiger, dem Menschenrechtsorganisationen daheim erklärt hatten: »Die sind nicht dialogfähig.«

Die Konferenz mündete in einer Fatwa, einem islamischen Rechtsgutachten, das alle Geistlichen unterschrieben und das

erklärte: »Weibliche Genitalverstümmelung ist ein strafbares Verbrechen, das gegen höchste Werte des Islam verstößt.«

Zweifellos der größte Höhepunkt in Annettes und meinem Leben und ein wichtiger Schritt auf dem Weg zu unserem Ziel. Aber nur ein Schritt. Viele mehr sind notwendig, um diesen jahrtausendealten Brauch wirklich zu beenden. Wir sind nach wie vor dabei, diesen Weg zu gehen, auch wenn er manchmal steinig ist.

Deutschlandmarsch. Der Kampf mit und für die Yanomami. Die Atlantiküberquerungen. Die Kairo-Konferenz. Nichts davon wäre mir widerfahren, hätte ich auf meine Kritiker gehört, die bemängelten, was ich vorhabe sei unrealistisch oder zu gefährlich. Die ganzen Seeleute, die mir von jedem einzelnen Fahrzeug meiner Atlantiküberquerungen abgeraten hatten! Ich ließ sie reden. Wer nur mit einem Luxusdampfer über den Ozean kann oder mit einem

Die Karawane der Hoffnung: Unermüdlich kämpfen Rüdiger und Annette Nehberg gegen das Verbrechen weiblicher Genitalverstümmelung.

Um auf die Unterdrückung der Indigenen Brasiliens aufmerksam zu machen, überquert Rüdiger 2000 den Atlantik mit einer 18 Meter langen Tanne, THE TREE.

abgesicherten Frachter, der soll das machen. Ich mache es mit einer Nussschale.

Ja, ich bekam in meinem Leben auch viel Kritik. »Du Würmerfresser! Was gehen dich die Indianer an? Kümmere dich doch hier um die Obdachlosen.« Ich habe mich davon nie beeindrucken lassen. Jeder macht das, wozu er in der Lage ist, und ich war dazu in der Lage. Ich habe gelernt: Wer nur das macht, was andere wollen, erreicht nichts. Wer mit der Herde geht, kann nur den Ärschen folgen.

Für mich galt immer: Ich will lieber kurz und knackig leben als lang und langweilig.

Jetzt lebe ich seit achteinhalb Jahrzehnten lang und knackig – und Langeweile ist nicht in Sicht. Dafür habe ich viel zu viele Pläne. Zum Beispiel die absolut größte Vision meines Lebens: den saudischen König zum Mitstreiter zu gewinnen. Kraft seines Amtes könnte er per Königsdekret verfügen, dass die Ächtung der Weiblichen Genitalverstümmelung auf einem großen Transparent über dem Heiligtum in Mekka verkündet würde. Dort würde man jeden der jährlich vier Millionen Pilger im tiefsten Herzen erreichen, dort, und nur dort, kann Veränderung beginnen. Es wäre ein menschheitsgeschichtlicher Segen. Mehr darüber in meinem aktuellsten Buch, *Dem Mut ist keine Gefahr gewachsen*. Das ist genau das, was für mich ein erfülltes Leben ausmacht: Stets tausend Pläne zu haben und dabei immer auch damit zu rechnen, dass ein Plan einmal misslingt. In diesem Fall darf man nicht deprimiert sein, sondern muss aus dem Schaden lernen, justieren und auf Plan B, C und D ausweichen. Dann läuft das Leben so was von erfüllt und rasant, dass man sich wundert, wenn man auf einmal tot ist.

Rüdiger Nehberg und Erik Lorenz

Wildnis

Ursprünglich und unmittelbar: In unserem eng getakteten, von Klimaanlagen regulierten und mit Terminen und Werbetafeln verstellten Leben bietet die Natur einen Gegensatz, dessen kraftvolle Wirkung ungebrochen ist. Ob im endlosen Sandmeer, am schroffen Fels, im drängenden Dschungel oder im starren Eis, ob in Hitze, Regen, Kälte oder Sturm: Setzen wir uns der Wildheit und Weite aus, fühlen wir uns frei. Die Wildnis löst uns aus unserer Komfortzone, fordert uns körperlich und mental heraus. Sie lässt uns erkunden und entdecken – und so mancher Fund trifft uns gänzlich unerwartet.

Ich bin der Liebhaber unbändiger und unsterblicher Schönheit. In der Wildnis finde ich etwas Wertvolleres und Verbindenderes als in Straßen oder Dörfern. In der ruhigen Landschaft, insbesondere der fernen Linie des Horizonts, sieht der Mensch etwas, das so schön ist wie seine eigene Natur.

Ralph Waldo Emerson

Reinhold Messner

DER WERT DER WILDNIS

◀ ◀ ◀ ◀ ◀ ◀ ◉ ▶ ▶ ▶ ▶ ▶ ▶

Veränderung ist eine der größten Konstanten in der Natur. Und seit Darwin wissen wir: Nur wer sich anpasst, kann gedeihen und sein Potenzial entfalten.

Die Anpassung an die verschiedensten Spielfelder der Natur mit all ihren Regeln, Geheimnissen und Möglichkeiten ist eine Kunst, die Reinhold Messner seit früher Kindheit praktiziert.

Reinhold Messner: Ich bin als Kind schon in die Berge gekommen und habe mich gefragt: Was liegt hinter dem nächsten Horizont? Im Ort, in dem ich aufwuchs, blieb der Horizont hinter Felszinnen von links, von rechts, auch von vorne, verborgen. Mit fünf Jahren stieg ich auf die größte dieser Felszinnen hinauf und stellte fest: dahinter sind nochmals Berge, hinter die ich nicht schauen kann. Ich brach zu immer größeren Ausflügen auf, um herauszufinden, was dahinter ist. Es war wieder ein Bergkamm. Bis heute habe ich nie hinter den letzten Horizont schauen können. Deshalb bin ich immer noch unterwegs, ein horizontsüchtiger Wanderer.

In den nächsten Jahren gab sich Messner mit aller Leidenschaft der Erkundung der Berge hin und machte sein Tun zu einer Kunst. Er wurde begeisterter – er selbst sagt auch »besessener« – Felskletterer. Dabei stand für ihn die technische Schwierigkeit im Vordergrund. Eine überhängende Wand in den Dolomiten sei beispielsweise relativ ungefährlich. Stürze man, bliebe man in der Luft hängen, und Steine fielen außen herunter. Man sei stets in Deckung. Aber ...

... die Schwierigkeiten sind so groß, dass man hoch trainiert sein und diese Kletterkunst – denn es ist eine Kunst – beherrschen muss bis in die letzten Details. Heute ist man viel weiter, als wir das damals waren, weil sich auch einige Ausrüstungsgegenstände weiterentwickelt haben und weil die Leute viel mehr trainieren können,

---

»Es ist, als wäre man auf einem anderen Stern.«
Reinhold Messner durchquerte die Antarktis 1989
gemeinsam mit Arved Fuchs zu Fuß.

als wir das getan haben, zum Beispiel in Hallen. Für uns war das damals eben der Status quo. Und ich war ans obere Ende des Status quo des damaligen Kletterns, oder wie ich lieber sage, der damaligen Kletterkunst, herangekommen.

Und diese Kletterkunst brachte auch immer wieder etwas Neues hervor.

Jede Erstbegehung ist die Schöpfung einer neuen Route. Wenn ich einen bisher unbekannten Weg finden möchte, dann schaue ich aus einer bestimmten Distanz auf eine Felswand, auf eine Eiswand, auf eine kombinierte Wand, Fels und Eis gemischt, und lese aus der Natur des Berges heraus, wo ich am besten steigen oder klettern könnte. Hat diese Wand noch keine Route, keine Linie, wo jemand durchgeklettert ist, ist sie völlig offen, wie ein offenes Buch. Dann kann ich neu auswählen. Wenn es dort aber schon eine Linie gibt und ich eine neue klettern will, muss ich die alte ausklammern.

Habe ich für mich nun eine Linie festgesetzt, prüfe ich die Gangbarkeit dieser Linie. Und wenn ich diese Linie schließlich geklettert bin, existiert sie – mindestens in meinem Kopf. Ich kann sie sofort wieder zeichnen. Ein Außenstehender sieht diese Linie nicht. Trotzdem ist sie eine Schöpfung, also ein Kunstwerk. Ich zeichnete an den größten Fels- und Eiswänden der Erde! Was für ein Glück!

Eleganter als am Nanga Parbat ist das kaum möglich: allein an einer neuen Route in der Diamir-Flanke, an einem Achttausender, von der Basis bis zum Gipfel. Das war für mich das i-Pünktchen in der schöpferischen Arbeit: eine Linie an eine Fels- und Eisflanke zu legen, die sehr gefährlich, sehr schwierig und viertausend Meter hoch ist.

Neben großen Triumphen bescherte der Nanga Parbat Messner auch seine größte persönliche Katastrophe. In einer dramatischen Abfolge von Ereignissen, die in die Bergsteigergeschichte einging, starb sein Bruder Günther. Messner selbst erlitt schwere Erfrierungen und verlor sieben Zehen. Seine Zeit als Spitzenkletterer war damit vorbei. Nachdem er Tragik und Trauer ein Stück weit verarbeitet hatte, stellte Messner sich die Frage, wie es weitergehen sollte.

Ich entschied: Ich mutiere zum Höhenbergsteiger. Ja, ich mutierte sozusagen. In achttausend Metern Höhe spielten die verlorenen Zehen keine große Rolle, weil wir isolierte, dicke, plumpe Schuhe trugen. Und dann kostete ich diese zweite Lebensphase bis zum

*Reinhold Messners Schicksalsberg: der Nanga Parbat.
1970 starb hier bei der gemeinsamen Besteigung sein Bruder Günther.*

Exzess aus, habe also wirklich alles gemacht, was man sich vorher nicht vorgestellt hatte.

Die erzwungene Neuausrichtung schenkte Messner ein zweites Leben, führte ihn als ersten Menschen ohne künstlichen Sauerstoff auf den Everest, als ersten Menschen auf alle vierzehn Achttausender. Aber auch dieses Leben währte nicht ewig.

Dann war ich plötzlich gut vierzig Jahre alt und immer noch zu jung, um sozusagen mit der Flasche Bier vor dem Fernseher auf die Rente zu warten. Ich hatte noch das halbe Leben vor mir. Und ich wusste, die großen Polfahrer waren vierzig, fünfundvierzig Jahre alt gewesen, als sie aufbrachen, also in meinem Alter. Wenn die das damals schon geschafft – oder in einigen Fällen fast geschafft haben – zum Pol zu kommen, dann müsste das heute mit unserer Ausrüstung auch möglich sein. Ich begann zu lernen, las und verinnerlichte

historische Berichte, suchte nach Partnern. Schrittchen für Schrittchen bewegte ich mich langsam in eine neue Welt hinein und traf damit auch die Entscheidung: Wenn das aufhört, wenn ich das nicht mehr kann, mache ich wieder etwas Neues. Seit damals erfinde ich mich neu. Ich lebe im Moment am Beginn meiner siebten Lebensphase. Ob es die letzte ist, weiß ich nicht, aber die Spielmöglichkeiten werden immer geringer.

Auch diese dritte Phase kostete Messner bis zum Extrem aus. Er durchquerte zu Fuß die Antarktis, Grönland und die Wüste Gobi. Auf die Frage, worin für ihn der Reiz an jenen epischen Fußmärschen durch weite Landschaften bestand, antwortet er:

Bei der Grönland-Längsdurchquerung, der Überquerung der Antarktis oder der Durchquerung der Wüste Gobi ist die Exposition um ein Vielfaches größer als am Mount Everest. Dort am Everest

Reinhold Messner und Erik Lorenz beim Weltwach-Interview auf Messners Schloss Sigmundskron bei Bozen in Südtirol

kann ich das Basislager vom Gipfel aus nicht mehr erkennen, aber ich weiß, in ein, zwei Tagen bin ich unten. Das ist also keine große Exposition. Oder nehmen wir eine Dolomitenwand: Auch wenn sie tausend Meter hoch ist, auch wenn ich drei Tage brauche und in der Wand nächtige – bin ich schließlich oben, gehe ich auf der anderen Seite in zwei Stunden runter. Das war in den Dreißigerjahren, vor hundertfünfzig Jahren, vor zweihundert Jahren eine große Exposition. Aber jetzt nicht mehr.

In der Antarktis allerdings haben Sie nach tausend Kilometern weitere zweitausend Kilometer vor sich und fühlen sich absolut verloren in dieser schier unendlichen Welt. Es ist, als wäre man auf einem anderen Stern. Nicht einmal ein Planet, weil nichts Grünes da ist. Es ist alles nur Eis ringsum. Einfach ein anderer Stern. Sie leben ein völlig anderes Leben. Und wenn Sie zurückkommen, brauchen Sie ein paar Wochen, um sich in der Zivilisation, in der wir daheim sind, in die wir durch unsere Geburt hineingeworfen wurden, wieder zurechtzufinden.

Messners lebenslange Suche nach dem Horizont war immer auch eine Suche nach der Exposition, nach dem Ausgesetztsein, nach dem Auftun jener anderen Sterne, auf denen er in schöpferischen Akten unsichtbare Linien in schroffe Felswände, endlose Eisebenen und wogende Sandmeere zeichnete. Während er sich – mal erzwungen durch Verletzung, mal durch fortschreitendes Alter – neu erfand, nahm diese Exposition tendenziell zu. Und mit ihr in mancher Hinsicht die Erfahrungsintensität, die vieles zivilisatorisch Selbstverständliche relativierte. Darin besteht für Messner eine wesentliche Kraft der Wildnis.

Die Wildnis ist ein ganz großer Wert. Und je mehr sie schwindet und verschwindet, desto wertvoller ist sie. Aber heute ist die Wildnis nicht mehr da, wenn wir alle Technologien nutzen. Der Satellit kann mit einer Kamera – natürlich von unten gesteuert – jeden Punkt dieser Erde aufnehmen. Ich kann heute Berge, die ich noch nie gesehen habe, auf den Schirm bringen, sodass ich Routen besser als vor Ort aus den Flanken rauslesen kann. Und man kann vom Satelliten aus, wenn er von Fachleuten benutzt wird, bei klarem Wetter Menschen finden, die in der Antarktis unterwegs sind. Heute ist das alles über Satelliten nachprüfbar. Damit ist die Exposition relativiert.

Aber wenn ich auf diese Methoden verzichte und die Kommunikationskette unterbreche zwischen mir, der ich aufgebrochen bin, und der Zivilisation, dann bin ich allein. Auch wenn mich der

Satellit sieht: Ich habe davon nichts, ich bin der Weite völlig ausgeliefert. Eine solche Wildnis ist ein Wert, weil wir uns an der wilden Natur reiben können, um Erfahrungen nach innen zu machen. Deswegen ist es so wichtig, dass die jungen Leute verstehen, dass sie sich das Abenteuer selber wieder erobern müssen, indem sie der Wildnis ihre alten Werte zurückgeben. Wenn ich durch die Antarktis gehe, dann springt der Horizont vor mir mit jedem Schritt einen Schritt weiter. Dann habe ich das Gefühl, ich bin in einer unendlichen Eiswüste unterwegs. Das ist Unendlichkeit – die schiere Unendlichkeit. Und, wie der Tod zuletzt: Zeitlosigkeit.

»Die Wildnis ist ein ganz großer Wert. Und je mehr sie schwindet und verschwindet, desto wertvoller ist sie«, betont Reinhold Messner im Weltwach-Interview.

Aber solche Erfahrungen sind nur möglich, wenn wir uns in den Möglichkeiten, die wir haben, reduzieren. Neben der Exposition, die wir herstellen können, indem wir auf Kommunikation verzichten, sollten wir uns in unseren medizinischen Möglichkeiten beschränken. Also verzichten wir einmal auf alle Drogen. Ich möchte nicht wissen, wie viel heute am Everest-Basislager an Aufputschmitteln benutzt wird, an Substanzen, die in anderen Sportarten verboten sind, um auf präparierten Pisten bis zum Gipfel zu kommen. Das wird nicht gemessen, weil es ja um keinen Vergleichskampf geht, im Grunde nur um Tourismus. Die Leute betrügen sich nur selber. Wenn wir alle Technologien benutzen, die wir haben, ist nichts mehr unmöglich, und wenn es kein Unmöglich gibt, gibt es auch das Abenteuer nicht mehr. Deshalb sollten wir den Mut haben, auf Hilfen zu verzichten.

Im Verzichtsalpinismus, den Messner wesentlich gelebt hat, heißt das zum Beispiel: kein künstlicher Sauerstoff. Keine Bohrhaken. Keine Kommunikation nach außen. Und eben keine Drogen.

Wenn sich jemand an diese Reduzierungen hält, dann findet er das Abenteuer hier vor der Haustür, in den Alpen.

Felsklettern, Höhenbergsteigen, Expeditionen zu Fuß, in späteren Lebensphasen ein gewaltiges Museumsprojekt, eine Filmproduktion und andere Spielfelder kreativen Schaffens. Was betrachtet ein Mann, der von sich sagt, sieben erfüllte Leben gelebt zu haben, als seinen größten Erfolg? Messners Antwort ist ebenso schlicht wie kraftvoll:

Überlebt zu haben.

Jerome Blösser
NOMADE IM HERZEN

◁ ◁ ◁ ◁ ◁ ◁ ⊙ ▷ ▷ ▷ ▷ ▷ ▷

Der Tag war lang und heiß gewesen. Als sich die Sonne langsam dem Horizont näherte, schlug der Beduinenführer vor, dass er zusammen mit seinem Team und den Kamelen vorgehen und einen Nachtlagerplatz suchen würde. Jerome, der die Expedition organisiert hatte, willigte ein und blieb mit den anderen Teilnehmern der Expedition zurück.

Die Gruppe bewegte sich Schritt für Schritt über die Sinai-Halbinsel, die sie von einer Seite zur anderen durchqueren wollte. Das Gebiet, anderthalbmal so groß wie die Schweiz, bildet das Bindeglied zwischen Asien und Afrika. Die Hälfte aller Bewohner sind Beduinen, verteilt auf knapp zwanzig Stämme. Steht die Halbinsel offiziell auch unter ägyptischer Verwaltung, sind es in der Realität diese Stämme, die entscheiden, was geschieht und was nicht. Wer also den Sinai durchqueren möchte, muss die Erlaubnis aller zuständigen Scheichs einholen und in der jeweiligen Region mit Führern und Kamelen aus dem lokalen Stamm unterwegs sein. So, wie Jerome an jenem frühen Abend.

Eine Stunde, nachdem die Beduinen sich von der Gruppe getrennt hatten, erreichten Jerome und die anderen Expeditionsteilnehmer den Lagerplatz.

Jerome Blösser: Mich traf der Schlag! Ich schaute nach oben – und sah eine Stromleitung. Sie hatten das Nachtlager unter der vielleicht einzigen Hochspannungsleitung errichtet, die sich einmal komplett über den Sinai zieht! Ich hörte sogar das feine Surren des Stroms.

Jeromes Blick wanderte von der Leitung zum Beduinenchef.
Jerome: »Das ist doch sicher nicht dein Ernst!«
Der Beduine: »Was meinst du? Findest du es nicht schön hier?«
Jerome begann die Wahl des Lagerplatzes persönlich zu nehmen. Wollten die Beduinen ihn provozieren?
»Guck doch mal nach oben!«, forderte er seinen Guide mühsam beherrscht auf.

Abendstimmung in der Rub al Khali, der größten Sandwüste unserer Erde

»Ja. Da ist eine Stromleitung.«

»Genau! Warum habt ihr nicht irgendwo anders campiert?«

Der Beduine lächelte milde. »Ist das so schlimm? Es ist doch nur eine Stromleitung. Und der Platz ist gut. Die Kamele haben hier Futter. Wir sind vor dem Wind geschützt. Es ist ein guter Lagerplatz.«

Jerome begriff, dass die Lagerwahl keinen gezielten Affront gegen sein ästhetisches Empfinden darstellte, sondern dass die Beduinen die Stromleitungen längst in ihre Wahrnehmung der Landschaft integriert hatten.

Sie störten sich nicht an der Leitung. Und ich war dort mit meiner europäisch-hehren Vorstellung: Ich gehe in die Wüste und möchte nichts als Natur pur. Da prallten die Kulturen ein wenig aufeinander.

Anfangs dachte ich: Für sie, die Nomaden, ist die Wüste nichts als ein Haufen Sand. Sie leben ja dort, sehen diese Landschaft jeden Tag. Mittlerweile weiß ich, auch sie haben ein Empfinden dafür, sitzen abends gelegentlich auf einer Düne, schauen sich den Sonnenuntergang an und bekommen genauso eine Gänsehaut wie wir.

Mit der Zeit lernte Jerome, dass sich die Nomaden nicht in ihrer Wertschätzung der Wüste von ihm unterscheiden, sondern in der Art der Wahrnehmung. Er näherte sich dem Denken seiner einheimischen Freunde an, ohne sich dabei verbiegen zu müssen. Ohne sich neu zu erfinden. Denn die Wüste – und insbesondere das Gehen darin – ist das, was ihm seit seiner ersten Reise in die Sahara am nächsten ist.

Die Wüste ist eine Landschaft, die uns auf uns selbst zurückwirft. Weil du im Gegensatz zu unserer modernen, zivilisierten Welt fast keine Ablenkung findest. Sie ist mächtig, manchmal sogar niederschmetternd mächtig, und ich glaube, viele Menschen, die das erste Mal in eine Wüste gehen, merken erst dort, wie klein das menschliche Lebewesen ist.

Für mich ist es nicht nur eine schöne Landschaft: Sie ist mir, über mehr als 25 Jahre hinweg, zu einer Herzens- und Seelenlandschaft geworden, in der ich viel von dem finde, was ich daheim vermisse.

Inzwischen habe ich die Wüsten auf alle möglichen Arten bereist: mit dem Motorrad, mit dem Auto, mit dem Lkw und zu Fuß. Und muss sagen, für mich ist das Gehen in der Wüste die einzig adäquate Art der Fortbewegung. Vielleicht ist es auch generell die einzig adäquate Form des Reisens. Es gibt ja auch andere Landschaften, wo es große Unterschiede gibt, abhängig davon, wie ich mich in dieser Landschaft bewege.

Was vom Mittagessen übrig bleibt, wird auch gerne an die mitreisenden Dromedare verfüttert. Und da man nur eine Schale besitzt, nimmt man eben diese.

Wenn ich etwa mit dem Geländewagen durch die Wüste fahre, dann schaffe ich vielleicht, wenn es gut läuft und die Landschaft nicht zu schwierig ist, drei-, vierhundert Kilometer am Tag. Wenn ich gehe, liegt mein Radius, wenn es ganz schlecht läuft, bei täglich zehn Kilometern. Und auch im besten Fall sind nicht mehr als dreißig drin. Nun könnte man beklagen: Dann schaffst du, wenn du zehn Tage unterwegs bist, nur zweihundert oder zweihundertfünfzig Kilometer – da sieht man ja gar nichts! Das Interessante ist aber, dass du, Schritt für Schritt, die Veränderungen und die Vielfalt siehst. Du entdeckst Dinge, die du aus dem Wagen heraus nie sehen würdest. Ein Beispiel: Viele Wüsten waren nicht immer so trocken, wie sie heute sind. Die Sahara sieht erst seit ungefähr zweitausend Jahren so aus, wie wir sie heute kennen. Andere Wüsten haben ihre heutige Anmutung seit zehn- oder fünfzigtausend Jahren – lange Zeitspannen, aber keine Ewigkeit. Aus diesem Grund findet man selbst im Zentrum mancher Dünengebiete völlig unerwartet

Pfeilspitzen, Faustkeile oder Reibschalen aus der Jungsteinzeit oder Steinzeit – Dinge, die ganz klar zeigen: Hier haben früher mal Menschen gelebt! Da muss die Landschaft anders gewesen sein. Da gab es noch genug Wasser, denn das ist die Grundlage für Leben. Und auch Tiere, die diese Menschen gejagt haben. Solche Erkenntnisse hast du beim Autofahren nicht.

Es sind Erkenntnisse wie diese, die Jerome unterwegs sucht: einzelne Augenblicke, die ihn in eine weit entfernte Vergangenheit katapultieren oder zurück zu sich selbst bringen, hinein in seine eigenen Gedanken.

Mir wird im Leben, so abgedroschen das klingt, eine gewisse Achtsamkeit jeden Tag wichtiger. Mit sich selbst und auch seiner Umwelt achtsam umzugehen. Auch weil ich merke, dass der Irrsinn, der uns jeden Tag umgibt, nicht gesund ist. Ich bin nicht besser als die meisten anderen Menschen in unserem Land. Ich habe auch ein

Der Weg über den Dünengrat ist sicher nicht immer die leichteste Variante, aber er belohnt den Wanderer mit spektakulären Ausblicken.

Smartphone und schaue wohl hundertmal am Tag drauf. Aber wenn ich in die Wüste gehe, merke ich: brauchst du gar nicht! Geht doch auch ohne! Viel besser sogar!

Denn dann bist du im Hier und Jetzt. Und hast viel bessere Antennen für die Umwelt, die Natur, die Schönheit der Landschaft. Diese Antennen sind in der Reduktion, die die Wüste bietet, ganz besonders empfänglich. Darin liegt für mich die Kraft der Wüste und der Lebensweise ihrer Bewohner.

Ich glaube, was mich an der Lebensweise der Nomaden – egal in welcher Wüste, das können auch die Inuit in Grönland sein – am meisten fasziniert, ist, dass sie mit ihrem Alltag viel, viel näher an der Natur dran sind. Alles, was passiert, hat damit zu tun. Wie ist das Klima beispielsweise. Hat es geregnet oder geschneit? Gibt es Wasser für Menschen und Tiere?

Ich nenne mal ein schönes Beispiel: Wenn ich eine Reisegruppe in die Wüste führe, wundern sich die Teilnehmer oft, dass es sich mit dem Mond heute ganz anders verhält als gestern. Am Vortag sei zu dieser Zeit doch der Mond schon aufgegangen gewesen – wo bleibe er heute nur? Ich bitte dann um ein bisschen Geduld und erkläre: Er kommt gleich, denn die Auf- und Untergangszeiten verschieben sich jeden Tag um ungefähr eine Dreiviertelstunde. Bei uns in Deutschland merkt das kaum jemand. Wenn du aber in der Wüste bist, kriegst du das mit.

Dieses Nah-an-der-Natur-Sein, mit wenig Ablenkung, das ist es, was mich an Wüsten fasziniert. Und die Menschen, die dort leben. Sie sind total geerdet, im tatsächlichen Sinn, denn das Leben, das die meisten Nomaden in der Sahara führen, findet am Boden statt. Die Menschen gehen auf dem Boden, sie schlafen auf dem Boden, sie sitzen auf dem Boden. Sie steigen nicht in ein Auto, sie steigen nicht irgendwo in einen ersten Stock, sondern alles, was sie tun, hat immer Kontakt zu Mutter Erde. Ich glaube, das prägt einen Menschen. Das ist das eine. Das andere, was mich immer mehr beeindruckt oder beschäftigt, ist, dass man bei fast allen Nomadenvölkern merkt, dass sie mit ganz wenig materiellen Dingen ein ziemlich zufriedenes Leben führen.

Wir dagegen leben in einer Wachstumsgesellschaft. Du musst immer einen draufsetzen. Du kaufst ein Auto und nach zwei Jahren denkst du: Es könnte doch auch das neueste Modell sein! Du gehst in den Supermarkt, um einen Joghurt zu kaufen – und stehst vor einem sechs Meter langen Regal mit zig Joghurtsorten. Ich frage mich dann: Muss das sein? Besonders, wenn ich gerade aus der

Endlos schweift der Blick über hintereinander gereihte Bergketten im Sinai. Bei gutem Wetter kann man sogar das Rote Meer am Horizont entdecken.

Wüste heimgekommen bin, habe ich echten Stress dabei. Ich stehe da und weiß nicht, wie ich mich entscheiden soll.

Anders in der Sahara. Dort besitzt ein Nomade im Normalfall eine einzige Metallschüssel. Darin wäscht er gelegentlich seine Wäsche an einem Brunnen. Die gleiche Schüssel nutzt er, um den Teig für das Brot anzurühren, das er im Sand backen wird. Er isst seinen Couscous daraus und in schlechten Zeiten kommt das Futter für die Kamele da rein. Er nimmt eine Schüssel für alles. Wir hätten wahrscheinlich fünf Schüsseln dafür.

Alles, was etwa ein Nomade in Mauretanien besitzen mag, passt auf ein oder zwei Kamele. Sie sitzen abends am Lagerfeuer und

»Das ist der Rhythmus der Karawane, der Kamele. Das ist so, als würde man beim Klavierspielen ein Metronom anmachen.« Für Jerome Blösser gibt es speziell in der Wüste keine andere Art zu reisen als das Gehen.

lachen und haben Spaß. Und man sitzt ein wenig neidisch daneben und fragt sich, wie kriegen die das hin? Die haben eigentlich gar nichts! Aber sie haben natürlich auch nichts, was sie verlieren können. Das heißt, sie leben im Hier und Jetzt. Sie denken nicht an morgen und nicht an gestern, sondern sie nehmen es, wie es kommt. Genießen es, wenn es gut läuft, und haben natürlich auch eine riesige Portion Fatalismus, wenn es mal richtig mies läuft. Dann ist das eben gottgewollt, Punkt.

All das, das Hier und Jetzt, das, was wichtig und unwichtig ist, vermag Jerome gehend in einer Tiefe zu erkunden, die sich auf andere Weise selten einstellt.

Dieser Moment, wenn du irgendwo langgehst – nicht auf einem Weg, sondern querfeldein, wo wahrscheinlich kaum jemals ein anderer Mensch entlanggegangen ist – und dann liegt vor dir im Sand eine Pfeilspitze. Du hebst sie auf und weißt: Die liegt hier seit achttausend Jahren. Die hat mal jemand verloren. Und dann betrachtest du sie und siehst, wie filigran sie gearbeitet ist. Das muss viel Arbeit gewesen sein, die muss sozusagen mal richtig teuer gewesen sein. Das ist ein magischer Moment. Das sind Momente, die hast du nicht, wenn du durchfährst. Fahrend siehst du viel mehr, da siehst du morgens diesen Berg, mittags jenen Berg und abends die Oase, aber alles im Vorbeiflug. Das ist der Grund, warum es für mich, speziell in Wüsten, keine andere Art des Reisens gibt als das Gehen. Zu Fuß unterwegs sein. Das ist der Rhythmus der Karawane, der Kamele. Das ist so, als würde man beim Klavierspielen ein Metronom anmachen. Du hast irgendwie so einen inneren Takt in dir drin. Es gibt dann Tage, da denkst du über gar nichts nach, und andere Tage, da fallen dir Dinge ein, die seit zwanzig Jahren tief in dir vergraben sind. Ich glaube, es ist eine Art des Reisens, die unserer Seele viel, viel näherkommt, als immer schneller immer weiter zu wollen. Das passt einfach nicht zu uns. Jedenfalls passt es nicht zu mir. Denn ich bin Nomade im Herzen. Wenn man mir sagen würde, du darfst jetzt nicht mehr losziehen, ein halbes Jahr vielleicht, dann würde ich verrückt werden. Ich muss raus, ich muss die Welt sehen.
Und meine Welt ist eben die Wüste.

Uli Kunz
DIE GEHEIMNISSE DER TIEFE

◁ ◁ ◁ ◁ ◁ ◁ ◉ ▷ ▷ ▷ ▷ ▷ ▷

Der Heringsschwarm war so dicht, dass er ihm fast vollständig die Sicht nahm.

Uli Kunz: Wenn du in einen solchen Schwarm hineinschwimmst, siehst du vielleicht einen Meter weit. Du bist mitten drin in einer der größten Tierwanderungen weltweit. Millionen von Heringen, die im Winter an die nordnorwegische Küste kommen und langsam nach Süden ziehen. Das Ergebnis: eine Wand aus Fischen, die mehrere Hundert Meter breit sein kann.

Dieses Spektakel zieht nicht nur Unterwasserfotografen wie Uli Kunz an, sondern auch Jäger, für die die Heringe ein Festmahl sind. In diesem Fall Dutzende Orcas und Buckelwale. Um sie bei ihrer Jagd zu beobachten, war Uli hier, immer wieder.

Über drei Jahre hinweg habe ich den Januar dort oben im Andfjord zwischen den Inseln der Vesterålen verbracht. Jeden Tag mit dem Boot hinaus, in den Trockenanzug steigen, in der Kälte und Dunkelheit nördlich des Polarkreises, wo die Sonne sich nie zeigt, ausharren und darauf warten, dass irgendwann für ein paar Minuten oder wenigstens Sekunden alles stimmt und ich den Auslöser drücken kann. Vermutlich ist es eine der schwierigsten Wildtierbeobachtungen überhaupt.

In einem Jahr wartete ich vier Wochen auf den richtigen Moment: auf einen Tag, an dem das Wasser relativ ruhig war und sich viele Wale tummelten. Ich sprang ins vier Grad kalte Wasser und beobachtete die Schwertwale. Sie stießen durch den Heringsschwarm hindurch, schlugen Rückwärtsrollen und betäubten dabei mit ihrer Schwanzflosse die Heringe. Dann pickten sie sich einen nach dem anderen raus. Die Buckelwale, die hinterherkamen, rissen einfach

---

Wie ein Spaziergang durch den Dschungel im Meer:
sagenhafte Riesenkelpwälder vor der Küste Tasmaniens

das Maul auf und schlangen Tausende Heringe hinunter. Das alles hatte ich unter Wasser live vor meiner Kamera. Es waren einige der Momente meiner Laufbahn als Taucher, die mich am meisten beeindruckt haben.

Diese Laufbahn hatte viele Jahre zuvor begonnen. Auf die Frage nach dem auslösenden Moment für die Entstehung seiner Leidenschaft für die Unterwasserwelt, antwortet Uli lachend: »Meine Geburt wahrscheinlich! Irgendwann schaute ich einmal unter Wasser, und das war's.« Als Kleinkind schnorchelte er begeistert in der Wanne, mit knapp zehn Jahren dann sein erster Tauchgang, später wurde er Sporttaucher. Er studierte Meeresbiologie in Kiel und machte anschließend eine Ausbildung zum Forschungstaucher. Heute ist er auf Forschungsschiffen unterwegs, führt Expeditionen durch, erstellt Umweltgutachten, ist weltweit für Fernsehsender und Produktionsfirmen als Moderator und Unterwasserkameramann im Einsatz, schreibt Bücher und hält Vorträge. Das verbindende Element all seiner Aktivitäten ist das Wasser.

Luft war nie wirklich mein Metier, aber Wasser liegt mir einfach. Da habe ich mich kopfüber reingestürzt und finde es nach wie vor extrem spannend. Wasser bedeutet mir alles, denn ohne Wasser gibt es auf der Erde kein Leben. Es ist eine der wichtigsten Ressourcen, die wir haben. Aber mir bedeutet Wasser noch viel mehr: Als Meeresbiologie möchte ich verstehen, was darin alles lebt. Was da so schwimmt und taucht und welche Zusammenhänge im Ozean bestehen.

Diese Zusammenhänge zu entschlüsseln ist oft schwierig. Die Tiefsee zum Beispiel ist ein Lebensraum der Erde, der uns noch unbekannter ist als die Oberfläche des Mondes. Den Mond kennen wir fast vollständig. Wir sehen ihn von hier aus, können ihn fotografieren und Sonden um ihn herumschicken, die die Oberfläche detailliert aufzeichnen. Aber um in die Tiefsee runterzukommen und sie zu erkunden, ist ein immenser Aufwand notwendig. Man kann einen kleinen Bereich des Meeresbodens fotografieren oder Netze runterlassen, aber möglicherweise herrscht direkt nebenan eine wahnsinnige Vielfalt, von der wir nichts wissen. In den letzten Jahren und Jahrzehnten wurden in der Tiefsee immer wieder Lebewesen und Lebensräume gefunden, von denen wir nicht den blassesten Schimmer hatten. Die Unterwasserwelt birgt noch immer viele Geheimnisse.

Einige besonders geheimnisvolle Orte, die Uli erkundet, verbergen sich nicht im offenen Meer, sondern unter der Erde. Neben seinen Tauchgängen im Ozean erforscht er unter Wasser liegende Höhlensysteme, auch auf mehrtägigen Expeditionen.

Höhlen sind natürlich ein völlig anderer Lebensraum. Gerade in den Süßwasserhöhlen, in denen wir häufig unterwegs sind, gibt es wenig Leben. Das sind speziell angepasste Tiere, die in tiefster Dunkelheit existieren. Die größte Faszination besteht hier aber woanders: in den unter Wasser liegenden Formationen. Im nördlichen Teil der mexikanischen Halbinsel Yucatán gibt es Tropfsteinhöhlen, die sind über und über bestückt mit Stalagmiten und Stalagtiten, alles unter Wasser. Entstanden sind diese Gebilde, als die Höhlen noch trocken waren, während einer Eiszeit, als der Meeresspiegel etwa achtzig bis neunzig Meter tiefer lag als heute. Später stieg er wieder an und flutete die Höhlen. Da können wir heute reintauchen. Das sind unfassbare Räume. Ich musste schon mal die Augen

---

Uli fotografiert auf Helgoland
Algen, Gesteinsformationen und Kegelrobben.

Oben: Vor der Küste Norwegens: Schwertwale auf Heringsjagd
Unten: Bei den Buckelwalen vor der Insel Rarotonga im Südpazifik

schließen, weil ich nicht glauben konnte, was es dort unten, direkt unter dem Dschungel, für andere, faszinierende Lebenswelten gibt.

Manchmal finden wir Spuren früheren Lebens: Überreste von Faultieren, Urelefanten und anderen Tieren, auch menschliche Schädel und archäologische Artefakte prähistorischer Siedler, die in diesen Höhlen Schutz suchten, und dann womöglich darin ums Leben kamen.

Solche Höhlenexpeditionen können komplexe Unterfangen sein. Bei der Erkundung einer Höhle in Frankreich begab sich das Team aus Höhlentauchern und -forschern für drei Tage unter die Erde, inklusive umfangreicher Ausrüstung. Sie stießen kilometerweit in die Höhle vor, bis in Teile, die bis dahin völlig unerforscht geblieben waren. Um dorthin zu gelangen, durchqueren sie vollständig geflutete Gänge mit Scootern, einer Art Unterwassertorpedos, von denen sie sich durch die ewige Nacht, die hier unten herrschte, ziehen ließen.

Nach zwei Kilometern konnten wir wieder auftauchen und Luft atmen, aber nicht an der Erdoberfläche, sondern in einem unterirdischen See. Wir schwammen weiter und suchten uns mit unseren Lampen den Weg durch die Finsternis, bis wir schließlich einen trockenen Abschnitt erreichten. Wobei trocken relativ war. Alles war voller Schlamm und feucht war es auch hier, so wie in der gesamten Höhle. Hier schlugen wir unser Lager auf. Wir breiteten Isomatten und Schlafsäcke aus, warfen die Kocher an und machten uns etwas zu essen. Und lauschten der Stille. Einer kompletten Stille, wie sie in unserer Zivilisation unbekannt ist, nur durchbrochen vom gelegentlichen Geräusch eines Tropfens, der auf Stein zerplatzt. Das Gleiche gilt für die Dunkelheit. Schaltest du bei uns das Licht aus, leuchtet immer noch irgendetwas. Dein Smartphone oder eine Straßenlaterne. Wenn du aber in der Höhle das Licht ausschaltest, ist es finster wie in einem Bärenarsch.

Solche Gelegenheiten, in »völlig andere Welten« abzutauchen, sind es, die Uli immer wieder in ferne Tiefen locken – eine Faszination, die auch die Kelpwälder vor der tasmanischen Küste auf ihn ausüben.

Kelpwälder bestehen aus großen Braunalgen. Vor Norwegen und Helgoland werden sie drei, vier Meter hoch, aber vor Tasmanien schießen sie zwanzig Meter in die Höhe. Das sind die größten Algen, die es unter der Wasseroberfläche gibt. Sie siedeln sich als Winzlinge auf Steinen am Meeresgrund an und müssen dann, um Photosynthese betreiben zu können, zügig die Wasseroberfläche erreichen. Um das zu schaffen, wachsen sie bis zu dreißig Zentimeter am Tag. Damit gehören sie zu den am schnellsten wachsenden Pflanzen überhaupt. Durch einen dichten Wald aus diesen baumhohen Algen zu schweben ist der Besuch einer weiteren, fantastischen Welt.

Ich träume davon, diese Welten weiter zu erkunden, auch mit meiner Kamera, und sie möglichst vielen Menschen näherzubringen, um ihnen zu zeigen, was es dort noch für Abenteuer zu erleben gibt.

Abenteuer wie jenes in den Heringsschwärmen vor Norwegens Küste, das für Uli – oder genauer für einen der Wale, die sich zwischen den Heringen tummelten – um Haaresbreite ein schwer verdauliches Ende gefunden hätte.

Ich war im Wasser und versuchte inmitten der Heringsmassen einen jagenden Orca abzulichten. Der Skipper des Bootes, mit dem ich unterwegs war, fotografierte mich dabei. Eines seiner Bilder zeigt mein winzig kleines Köpfchen an der Wasseroberfläche zusammen mit drei Buckelwalen, die mit weit aufgerissenen Mäulern in vielleicht zwei Metern Abstand um mich herum aus dem Wasser springen. Das ist nicht viel bei einem Tier, das 15 Meter lang ist. Sie hätten mich leicht verschlucken können. Einen von ihnen hatte ich bemerkt, aber in der anderen Richtung war die Wand aus Heringen so dicht gewesen, dass mir entgangen war, wie diese Riesen herangeschossen kamen.

Nun ja, ich hoffe mal, dass die Speiseröhre eines Buckelwals ziemlich eng ist. Dann wäre ich ihnen vielleicht im Hals stecken geblieben und wieder ausgespuckt worden.

Sein Herz hat Uli allerdings nicht nur an die fotogenen Giganten der Meere verloren.

Mich faszinieren fast alle Tiere, besonders aber solche, die so bizarr sind, dass viele Menschen gar nicht an ihre Existenz glauben. Etwa farbenprächtige, winzige Nacktschnecken, die es nicht nur, wie man meinen könnte, in tropischen Korallenriffen gibt, sondern bei uns vor der Haustür in Kiel.

Einer meiner Lieblingsfische ist in den letzten Jahren der Schleimaal geworden, denn das sind Tiere, die in den Augen der meisten Menschen unfassbar schleimig, ekelhaft und hässlich

Höhlentauchen in Frankreich: Tief unter der Erde findet Uli Ansichten von atemberaubender Schönheit, die schwer in Worte zu fassen sind.

aussehen. Aber sie spielen eine bedeutende Rolle im Ökosystem. Deshalb finde ich sie genauso wichtig wie Robben mit ihren süßen Augen oder Wale, für deren Schutz wir uns einsetzen. Wir müssen den Ozean als Ganzes schützen. Erst dann können wir irgendwann davon reden, dass wir nachhaltig mit ihm umgehen. Und für diese Herausforderung steht sinnbildlich der Schleimaal.

Aufs Wasser kommt es an – ob in gefluteten Höhlen oder unter Eisbergen. »Luft war nie wirklich mein Metier«, sagt der studierte Meeresbiologe.

Ana Zirner

DAS WESEN DER BERGE

◄ ◄ ◄ ◄ ◄ ◄ ◉ ► ► ► ► ► ►

Ein Gefühl großer Freiheit überkam Ana, als sie auf dem Gipfel des Ortlers stand, dem mit 3905 Metern höchsten Berg Südtirols. Er war einer von zahllosen Gipfeln, die sich auf ihrer Alpentraverse aneinanderreihten wie auf einer Perlenschnur.

Ana Zirner: Auf einem hohen Berggipfel kann ich ganz deutlich spüren, dass die Erde rund ist. Ringsum fällt der Horizont in einer Wölbung ab und es ist ein überwältigendes Gefühl, am höchsten Punkt meiner Umgebung zu stehen. Entscheidend ist für mich, dass ich einerseits aus eigener Körperkraft dort hingelangt bin und mich andererseits in einem Gelände bewege, in dem ich mir meiner Kleinheit als Mensch sehr bewusst sein kann. Das finde ich sehr bewegend.

Sie stieg hinunter ins nächste Tal und setzte die ausgedehnte Abfolge von immer neuen Auf- und Abstiegen fort, die sie einmal quer durch die Alpen führte: beinahe zweitausend Kilometer vom slowenischen Ljubljana bis ins französische Grenoble. Unterwegs verbrachte sie fast alle der sechzig Nächte unter freiem Himmel und fand in der Begegnung und Reibung mit der gewaltigen Natur – zum Beispiel den Gipfeln und Gletschern in der Ortler-Region – eine besondere Erfahrungstiefe.

Schon als ich mit Anfang zwanzig zum ersten Mal auf einem Gletscher stand, hat mich das tief berührt, aber ich habe mir früher nie die Zeit genommen, mich zu fragen, warum das so ist. Dadurch, dass ich auf der Ortler-Etappe fast ständig auf oder in der Nähe von Gletschern unterwegs war, konnte ich mich damit endlich ausführlich auseinandersetzen. Gletscher haben in diesem Spannungsfeld aus Mächtigkeit, Weisheit, Alter und Kraft, aber auch Fragilität, Vergänglichkeit, Feinheit und ihrem Ständig-in-Bewegung-Sein etwas

Unterwegs im Tessin in der Südschweiz

sehr Menschliches. Viele Kontraste, die darin liegen, kann ich in mir selbst deutlich wiedererkennen. Man bezeichnet mich als starke Frau, vermutlich auch, weil ich selbstständig bin. Andererseits bin ich eine sehr sensible Frau. Diesen beiden Seiten im Leben gleichermaßen Ausdruck zu verleihen, ist eine große Herausforderung, und die Gletscher zeigen mir auf eine schöne Art, wie das gehen kann.

Auch zu anderen Landschaftsformen, zu Hochebenen, Gipfelgraten und Gebirgsseen, baute Ana eine Beziehung auf.

Das gelingt mir besonders dann, wenn ich allein unterwegs bin. Dann fühle ich mich noch verbundener mit meiner Umwelt: ein ständiger und unmittelbarer Austausch, von dem mich niemand ablenkt. So habe ich früh damit begonnen, Landschaften zu personalisieren. Die Dolomiten empfinde ich zum Beispiel als eitel, aber auf eine ehrliche Art. Es sind wahnsinnig schöne Berge, massive Felsblöcke, die selbstbewusst aus den Tälern ragen und zu sagen scheinen: »Ich bin da, ich bin ein Fels, und alles andere ist mir egal!«

Im Gletscher unterhalb des Ortler-Gipfels

Für mich war es ein logischer Schluss, dass Berge Charaktere haben oder bestimmte Eigenheiten. Sowohl in ihrer Schönheit und Stärke als auch manchmal in ihrer, ich möchte fast sagen, Hässlichkeit. Es gibt Täler, die sind schwarz, rau und abweisend, aber in ihnen spürt man, dass dieses Düstere eben auch dazugehört. Dass es kein Licht ohne Dunkelheit gibt. Und dass es in der Natur daher eigentlich keine Form der negativen Hässlichkeit geben kann. Denn die Vielfalt schafft, wie in vielen anderen Zusammenhängen, nicht zuletzt ja auch in der Gesellschaft, einen großen Reichtum.

Ausgelöst wurde Anas Liebe zu den Bergen, als sie in der neunten Klasse mit einem mutigen Lehrer eine Alpenüberquerung von Norden nach Süden unternahm.

Wir brachen an unserer Schule auf und liefen bis nach Italien. Drei Wochen waren wir unterwegs. Weil wir mitten in der Pubertät steckten, stellte diese ungewöhnliche Klassenfahrt für meinen Lehrer ein besonderes Wagnis dar, das er aber bis heute jedes Jahr wiederholt.

Bergsportlerin und Autorin Ana Zirner fühlt sich mit ihrer Umwelt am verbundensten, wenn sie allein unterwegs ist.

Unter freiem Himmel: Biwak im Val di Rabbi, Nationalpark Stilfser Joch in Südtirol

Viele von uns, darunter ich, liefen mit der Überzeugung los, dass Sport doof ist und die Wanderung ätzend und anstrengend werden würde. Aber dann änderte sich bei mir mental extrem viel. Ich fand eine vorher unbekannte Ruhe – weil ich deutlich erlebt habe, wie klein ich im Verhältnis zu dieser großen Welt bin. So konnte ich auch insgesamt damit anfangen, mich selbst stärker im Verhältnis zum großen Ganzen wahrzunehmen, was in dem Alter ja ein wichtiger Prozess ist. Es löste bei mir keine Angst aus, sorgte nicht dafür, dass ich mich machtlos fühlte, sondern war etwas sehr Gesundes und sogar Erhebendes.

Jahre später entstand Anas Idee zur Alpendurchquerung von Ost nach West, als ihr Blick wieder einmal auf der Panoramakarte der Alpen hängen blieb, die an einer Wand in ihrer Wohnung hing. Ana war ausgelaugt von ihrem letzten Regieprojekt. Sie sehnte sich danach, mehr Zeit in den Bergen zu verbringen und begann auf der Karte zu markieren, wo sie schon immer einmal hinwollte. Als sie am nächsten Morgen daran vorbeiging, bemerkte sie, dass die Punkte eine Linie ergaben. Und beschloss, den gesamten Weg zu laufen.

Ich wusste ja mittlerweile, dass die Berge allgemein und die Alpen im Speziellen etwas in mir bewegen und mich zur Ruhe kommen lassen. Die Möglichkeit, mich diesem Zur-Ruhe-Kommen auf solch exzessive Weise aussetzen zu können, reizte mich. Dazu kam mein Ehrgeiz. Ich wollte herausfinden, ob und wo ich auch an meine physischen Grenzen komme, wie ich diese empfinde und wie ich mit ihnen umgehe.

Eine dieser Grenzerfahrungen war ein Sturz, der beinahe zu einem Absturz führte.

Der Sturz fühlte sich wie eine Ewigkeit an. Ich war einen schmalen, aber unproblematischen Pfad entlanggelaufen und gestolpert. Ein kleines Missgeschick aus Unvorsichtigkeit, mehr nicht. Obwohl alles wahnsinnig schnell ging, sah ich jeden Augenblick in einzelnen Bildern. Die Erfahrung, so gegenwärtig zu sein und in Bruchteilen von Sekunden reagieren zu können, war faszinierend. Aber auch schockierend, denn ich stürzte einen steilen Hang hinab und konnte mich nur einen Meter vor einem felsigen Abgrund halten. So knapp einem sicher tödlichen Absturz entgangen zu sein, musste ich erst einmal verarbeiten.

Ich erholte mich einige Tage auf der Cabane des Dix, einer auf dreitausend Metern Höhe gelegenen Berghütte. Die Nächte verbrachte ich aber auch während dieser Pause draußen vor der Hütte. Mittlerweile fühlte ich mich unter Dächern unwohl, selbst unter einem Zeltdach. Mein Zelt war das Sternenzelt. Es klingt so kitschig, aber man blickt hoch in diese blinkende Weite und fühlt sich verbunden – ob es nun warme oder kalte Nächte sind. So eine Schneeflocke auf der Nase, wenn man morgens aufwacht, kann wirklich sehr schön sein.

Ich freundete mich schnell mit Hüttenwirt Dan, seiner Familie und ihrem vier Monate alten Husky an. Es passierte mir auf der Tour immer häufiger, dass schnell tiefe Kontakte entstanden. Vielleicht, weil ich so wenige Menschen traf und die wenigen Gespräche dadurch an Bedeutung gewannen. Vielleich aber auch, weil ich durch die Tour insgesamt sehr viel ehrlicher geworden war, also auch ehrlicher kommunizierte und dadurch womöglich offener wirkte als zu Beginn. Wenn man draußen allein unterwegs ist, mit wenig Ausrüstung und überhaupt ohne all die vielen Dinge und Beschränkungen, die unser konventionelles Leben so sehr prägen, dann wird einem mit der Zeit bewusst, was eigentlich schon da ist und wie wenig man zum Leben wirklich braucht.

Ich würde das alles trotzdem niemals als Selbstfindung bezeichnen, denn das ist ein endloses Unterfangen – außerdem würde es dann langweilig werden. Aber ich habe neue Türen aufgestoßen, durch die ich schauen kann, habe mein Spektrum erweitert und bin mir ein Stück nähergekommen. Und je näher ich mir selbst komme, desto ehrlicher kann ich werden, zu mir selbst und zu anderen. In schwierigen zwischenmenschlichen Situationen oder bei Entscheidungen hätte ich früher viel länger gehadert und hin- und herüberlegt. Jetzt fällt es mir leichter festzustellen, was sich richtig anfühlt, und die Konsequenz daraus zu ziehen. Ich denke, das habe ich der materiellen und zivilisatorischen Reduktion zu verdanken. Den freiwilligen Verzicht empfinde ich seitdem ganz klar als eine Bereicherung. Und nicht zuletzt inspiriert er mich auch zu einem nachhaltigeren Leben.

Michael Martin
ZWISCHEN WINTERMÄRCHEN UND KÄLTESCHOCK

◁ ◁ ◁ ◁ ◁ ◁ ◉ ▷ ▷ ▷ ▷ ▷ ▷

Eine beißende Kälte empfing Michael Martin, als er im zentralsibirischen Jakutsk aus dem Flugzeug stieg. Sie hüllte ihn ein, als habe er eine außer Kontrolle geratene Kühlkammer betreten. Von hier an wurde es nur noch kälter. Ein UAZ-Allradbus brachte ihn auf einer zweitägigen Fahrt über eine unbefestigte Fernstraße nach Oimjakon, ein Dorf, in dem schon Rekordtemperaturen von bis zu minus 67,8 Grad gemessen wurden. Der Boden ist hier bis zu anderthalb Kilometer tief gefroren. Das Dorf gilt als kältester bewohnter Ort weltweit – und verlangt den Menschen, die hier leben, viel ab.

Michael Martin: Anders als zum Beispiel ein jakutisches Pony mit seiner Fettschicht und seinem langen Fell ist der Mensch körperlich nicht an diese Bedingungen angepasst. Aber er hat gelernt, sich kulturell zu adaptieren und Tiere zu züchten, die in diesen Temperaturen bestehen können, Bauweisen einzusetzen, die der Witterung angemessen sind und Kleidung herzustellen, die ihn vor der Kälte schützt. Die Menschen hier betreiben Holzwirtschaft, fischen, fördern Rohstoffe wie Diamanten und Kohle und züchten Rentiere. So wie Mischa, ein schwergewichtiger Mann, den ich westlich von Oimjakon besuchte.

Die Rentiere dieser Region leben nicht in Herden bei den Züchtern, sondern frei im Wald oder in der Tundra. Dort sind sie sich selbst überlassen. Möchte Mischa seine Tiere nun sammeln, muss er sie erst suchen und zusammentreiben. Als wir bei ihm waren, hatten einige Wolfsangriffe seine 1500 Tiere umfassende Herde über mehrere Gebirgszüge verstreut. Es würde Wochen dauern, sie wieder zusammenzuführen. Am Tag unseres Besuchs wollte er damit beginnen.

Sein Baumwollzelt, mit dem er seiner Herde folgte, hatte er am Rande eines Waldes aufgebaut, in dem er einige seiner Tiere vermutete. Nun streute er etwas Salz aus und gab bestimmte Rufe von sich.

Wie aus einem Wintermärchen: Bei eisigen Temperaturen ziehen Mischas Rentiere einen Schlitten durch die Wälder Sibiriens. Mit an Bord: Michael Martin.

Das ließ die Rentiere in der Nähe aufhorchen. Es war ein wunderschöner Morgen in diesem verschneiten Wald. Die Sonne schien, es war saukalt. Plötzlich kamen die Rentiere aus allen Richtungen aus dem Wald vorsichtig auf uns zugelaufen, um das Salz zu schlecken. Das brauchen sie dringend, weil der Schnee, mit dem sie im Winter ihren Flüssigkeitsbedarf decken, so mineralstoffarm ist.

Mischa fing einige der Tiere mit einem Lasso ein, legte ihnen Geschirre an und spannte sie vor selbst gebaute Holzschlitten. Im hüfthohen Schnee das beste Transportmittel, um die übrigen Tiere der Herde aufzuspüren.

Für ihn war all das eiskalter Alltag – für mich eine Szene wie aus einem Wintermärchen.

Dabei lag dieser Ort, den Michael als so märchenhaft wahrnahm, eigentlich weit außerhalb seiner Komfortzone. Seit er mit 17 Jahren das erste Mal den Nordrand der Sahara erblickte, fühlt er sich in angenehm warmen bis heißen Wüsten am wohlsten. Damals war er auf einem alten Mofa – mit einem PS und Pedalen, die er treten musste, um es über die Alpen zu schaffen – auf einer fünfwöchigen Tour bis nach Marokko gefahren.

Als ich die Wüste dann endlich erreicht hatte, hat sie mich schlicht und ergreifend umgehauen. Mit ihrer Klarheit und Reduktion entsprach sie ganz tief meinem ästhetischen Empfinden. Es war, wie wenn man einen anderen Menschen trifft und merkt, man versteht sich, da stimmt die Wellenlänge. So hat damals die Wellenlänge zwischen mir als 17-Jährigem und der Wüste absolut gestimmt. Daraus ist ein Beruf geworden, ein Leben.

Die folgenden vier Jahrzehnte unternahm Michael hunderte Wüstenreisen und machte sich als Wüstenfotograf weltweit einen Namen. Als er nach Jahrzehnten schließlich befürchtete, sich nur noch wiederholen zu können, erweiterte er seinen Fokus um Kälte- und Eiswüsten, die er in Büchern und Vorträgen mit den Trockenwüsten verglich. Und auch hier, in eisiger Kälte, fand er Landschaften, die seine Leidenschaft weckten.

Nehmen wir Antarktika mit ihren unglaublichen Dimensionen. In ihrer Unendlichkeit, ihren reduzierten Formen, ihrer Reinheit und totalen Unberührtheit ist sie in mancher Hinsicht mit der Sahara vergleichbar. Zu 98 Prozent von einem Eispanzer bedeckt, ist es der einzige Kontinent, der – von einzelnen Forschungsprojekten abgesehen – unbewohnt ist und noch verschont blieb von militärischen

Aktionen und Rohstoffausbeutung. Hier hat der Mensch noch nicht alles auf den Kopf gestellt.

Neben solchen endlosen und reduzierten Landschaften beeindrucken Michael Menschen, die sich mit den harschen Bedingungen, die hier herrschen, mit der Kargheit, der Hitze, der Kälte arrangieren. Weil sie wie die afrikanischen Wüstennomaden oder die Rentierzüchter Sibiriens in ihnen leben oder sich ihnen gezielt aussetzen.

So, wie Matty McNair es immer wieder getan hat. Die 67-Jährige erreichte bereits mehrfach den Nord- und Südpol und gilt als erfahrenste Polarfrau der Welt. Als sich Michael die Gelegenheit bot, sie auf einer Expedition zu begleiten, griff er zu, ahnend, dass diese Tour seine Fähigkeit, Kälte zu ertragen, aufs Äußerste herausfordern würde. Denn das Ziel war Baffin Island, die größte Insel des Kanadisch-Arktischen Archipels und zugleich die fünftgrößte Insel der Erde. Sie gehört zu Nunavut, einem von den Inuit selbstverwalteten Inselreich im Nordosten Kanadas. Ein gewaltiges Gebiet, hundertmal dünner besiedelt als die Sahara. Und eisig kalt.

Jakutien liegt im Nordosten Russlands und gilt als das kalte Herz Sibiriens. Im Winter fallen die Temperaturen auf unter minus 60 Grad Celsius.

Oben: Ein jakutischer Fischer öffnet mit einer Holzstange Eislöcher auf dem Indigirka-Fluss, um die unter dem Eis ausgelegten Netze zu kontrollieren.
Unten: Die Rentiere leben in Herden frei im Wald.

Es war hart. Elf Tage bei klirrender Kälte. Dreißig Grad minus und schlimmer. Aber nicht wie in den Alpen, wo man nach einem Tag Skifahren auf dem Gletscher abends in eine warme Hütte zurückkehrt. Stattdessen gibt es nur das Zelt. Es gibt nur diese ewige Kälte, die einen auf Dauer fertigmacht.

Allein die Wasserlogistik! Mit dem Benzinkocher Wasser aus Schnee zu gewinnen und dann vor dem Gefrieren zu bewahren, erfordert Aufmerksamkeit und Geduld. Ein einfaches Beispiel: John Huston, neben Matty der zweite Guide und eine weitere Legende, weil er als erster Amerikaner aus eigener Kraft und ohne Unterstützung von Kanada bis zum Nordpol gegangen ist, empfahl mir, unbedingt eine kleine Pipiflasche mit in den Schlafsack zu nehmen. Denn nachts, bei minus dreißig Grad, vor das Zelt zu müssen, ist unangenehm.

In der ersten Nacht füllte ich die Flasche, verschloss sie und besaß die Dummheit, sie neben mich an die Zeltwand zu stellen. Als ich am nächsten Morgen aufwachte, war sie komplett durchgefroren. Ich hatte dann die Aufgabe, mit Zeltheringen meinen gefrorenen Urin da rauszumeißeln. In der zweiten Nacht war ich schlauer und kippte den Inhalt sofort aus dem Zelt.

Genauso schnell wie Urin friert natürlich auch Trinkwasser. Ist es einmal gefroren, kriegst du es nie wieder flüssig. Um es unter diesen Bedingungen in flüssigem Zustand zu halten, braucht man Ahnung. Genauso wie im Umgang mit anderen Widrigkeiten, zum Beispiel den Polarbären, die dort relativ häufig sind. Ohne Matty und John wäre das für mich nichts gewesen.

Wir gingen durch die Fjordlandschaft, durch von Gletschern geprägte Täler, in die zum Teil das Meer vorgedrungen war. Auf Skiern liefen wir über das gefrorene Meereseis, die Pulka-Schlitten im Schlepptau, in denen wir unsere Ausrüstung und Vorräte zogen. Mal ging es durch flache Passagen, mal über verschneite Steigungen. Ein Abschnitt von etwa hundert Kilometern führte über den Akshayuk Pass, vorbei an weiteren Gletschern und einigen der höchsten überhängenden Felswände der Welt. Eine markante, fotogene Landschaft, die ich begeistert ablichtete. Allerdings gab es auf der Expedition keine Zeit für Fotografie. Niemand würde auf mich warten. So versuchte ich mir immer wieder einen kleinen Vorsprung herauszuarbeiten und schnell meine Kamera oder Drohne vorzubereiten. Spätestens als ich sie entpackt hatte und in den Händen hielt, hatte das Team mich überholt. Ich beeilte mich mit meinen Aufnahmen, denn zu groß wollte ich den Abstand nicht werden lassen.

Die beiden Gewehre, unsere Lebensversicherung gegen die vielen Polarbären, waren bei Matty und John. Ein paar Mal hatte ich schon ein blödes Gefühl, als ich Bärenspuren im Schnee entdeckte – neben den Spuren meiner Expeditionsmitglieder, die ich noch als kleine, schwarze Punkte am Horizont sah. Ich hechelte hinterher und dachte: bitte, jetzt kein Bär. Sonst wäre ich verloren gewesen. Das Risiko war nicht hoch, aber wie das so ist mit den offensichtlichsten

---

Michael auf seinem Pulka-Schlitten auf Baffin Island

Risiken: Sie machen einem doch zu schaffen. Jedenfalls war ich jedes Mal froh, wieder in Schussweite der Gewehre zu sein.

Abends dann immer wieder die gleiche Prozedur. Du erreichst den Lagerplatz, bist verschwitzt, fängst sofort an zu frieren. Die Zeltheringe gehen nicht einfach so ins Eis rein, sondern werden mit Eisschrauben befestigt. Du versuchst dein Zelt irgendwie zum Stehen zu bringen, anschließend bläst du dir die Lunge aus dem Hals, um diese verdammte Luftmatratze, in der für zusätzliche Isolation Daunen verarbeitet sind, prall zu kriegen. Froh bist du erst, wenn irgendwann das Kochzelt steht.

Das Kochzelt hat Matty selbst genäht. Hier versammelten wir uns, um Wasser zu schmelzen. Wenn über Stunden hinweg vier Kocher gleichzeitig laufen, kriegt man auch so ein dünnes Zelt einigermaßen warm. Wir bereiteten das Abendessen zu, machten Kakao. Das waren die einzigen angenehmen Stunden. Gegen neun oder zehn Uhr gingen wir ins Bett – in den eiskalten Schlafsack, der nur langsam warm wurde.

Am Morgen ging das Drama wieder von vorn los. Du hoffst, dass die Sonne vielleicht rauskommt. Dass der Wind nicht wieder wütet, denn der Windchill macht aus minus dreißig schnell minus fünfzig Grad. Es ist eine durch und durch lebensfeindliche Welt.

Irgendwann stellte sich bei mir eine Befriedigung ein, weil ich vorankam und mithalten konnte: mit Matty, John, einem vormaligen Everestbesteiger und anderen Expeditionsteilnehmern, die deutlich mehr Erfahrung in Eis und Schnee besaßen als ich. Wenn man dann die Passhöhe erreicht, einen wunderbar klaren Tag hat, tolle Bilder kriegt und merkt, tatsächlich, wir werden es schaffen und das Ziel erreichen, und wenn man dort ankommt und das Flugzeug herannahen sieht, einsteigt, nach Iqaluit fliegt und schließlich unter die erste heiße Dusche nach zwei Wochen steigt, dann ist das das Leben. Die Kontraste machen es aus. Man muss Dinge erst einmal vermissen, um sie wirklich schätzen zu können.

Es sind intensive Naturerlebnisse wie diese, die ich suche und an die ich oft zurückdenke. Draußen in der Wüste oder im Eis, bei einem Sandsturm oder einer Sonnenfinsternis. Und es sind Begegnungen wie solche mit Mischa, Matty und zahllosen anderen. Mit Menschen, die charismatisch sind und mich stets willkommen geheißen haben. Das hat mich geprägt. Das suche ich immer wieder. Deshalb reise ich.

Dirk Rohrbach

DIE WEITE SPÜREN

◁ ◁ ◁ ◁ ◁ ◁ ◦ ▷ ▷ ▷ ▷ ▷ ▷

Dirk Rohrbach: Das Seensystem, durch das ich in meinem Kanu aus Birkenrinde paddelte, war umgeben von hohen Bergen, zwischen denen ein Wind fauchte, der das Wasser zu hohen Wellen auftürmte. Die warnenden Worte der Einheimischen gingen mir durch den Kopf. Sollte ich kentern, hätte ich kaum eine Überlebenschance. Weil das Wasser zu kalt ist. Immerhin seien sie dankbar, wenn Kanuten wie ich Schwimmwesten trügen – »dann finden wir eure Leichen schneller!« Sehr lustig.

Aus Vorsicht blieb ich also nahe beim Ufer, zu nahe. Wind und Wellen drückten mich bald weiter und weiter in Richtung der Felsen und Steine dort. Ich sprang ins Wasser, um in letzter Sekunde zu verhindern, dass das vollbeladene Boot gegen die Steine geschleudert wurde. Aber ich hatte keine Chance: Die Brandung riss mir das Kanu aus den Händen und schmetterte es ans Ufer. Ich lief hinterher und sah, dass die Rinde an einem Ende zerfetzt war. Ich hatte ein riesiges Loch im Heck.

Für einen Moment war ich so voller Adrenalin, dass ich das Ausmaß der Situation gar nicht richtig erfasste. Das wird schon wieder, dachte ich. Erst langsam dämmerte mir, dass die Reise, von der ich so lange geträumt und in die ich so viel investiert hatte, schon jetzt, unmittelbar nach dem Beginn, zu Ende sein könnte.

Wochen hatte ich damit verbracht das Boot in mühsamer Handarbeit auf traditionelle Weise der Ureinwohner zu bauen. Dann hatte ich es fünftausend Kilometer mit dem Auto transportiert, alles für den großen Plan: dem Yukon River für dreitausend Kilometer von den Quellseen bis zur Mündung zu folgen.

Ich war verzweifelt, aber ich wollte hier nicht einfach aufgeben. Also versuchte ich zu reparieren, mit einer Ahle, Ersatzrinde, Wurzeln und Harz. Das Material hatte mir Tom Byers, mit dem ich das Kanu in Kanada gebaut hatte, für den Notfall mitgegeben. Ich baute

---

Dirk Rohrbach folgt dem Yukon in einem selbst gebauten Birkenrindenkanu von den Quellseen bis zur Mündung.

mir aus Treibholz am Ufer ein Gerüst, um die Rinde an den Rumpf zu drücken und besser vernähen zu können. Drei Tage später konnte ich tatsächlich weiter.

Die Reise war die Erfüllung eines Traumes. Ich hatte als Teenager fast alle Bücher von Jack London verschlungen, war fasziniert von den Abenteuern und der wilden Landschaft, die er beschrieb. Und ich fasste schon damals einen Plan: Da muss ich auch hin, in die wilde Weite Amerikas!

Mittlerweile hat Dirk Rohrbach mehrere Jahre dort verbracht, verteilt auf über fünfzig Reisen, und den nordamerikanischen Kontinent mit Boot und Fahrrad in alle Richtungen erkundet, meist mit ausgiebigen Abstechern in die Wildnis, in die es ihn immer wieder zurückzieht.

Ich glaube, das hat auch was mit dem Simplify-Gedanken zu tun: Dass man aus unserer zivilisierten Welt ausbricht mit all den Annehmlichkeiten, aber auch den Überfrachtungen, die das Leben

---

Entlang des Yukon findet er einsame Lagerplätze, umgeben von grandioser Wildnis.

kompliziert machen. Da draußen geht es um die grundsätzlichen, essenziellen Dinge, die ein Überleben überhaupt erst ermöglichen. Essen, Trinken, Schlafen, Feuer, Schutz. Das Reduzieren auf genau diese Dinge, das ist es, was ich da draußen so genieße. Du kannst alles hinter dir lassen.

So war es auch bei meiner Befahrung des Yukon – eines Flusses, zu dem ich eine tiefe Bindung aufbaute.

Der Goldrausch war das Ereignis in der Menschheitsgeschichte, das diesen Fluss wichtig und berühmt gemacht hat, und die Wildnis und Weite, durch die er fließt, die machen ihn heute noch zu einem der, wie ich finde, beeindruckendsten, schönsten Flüsse der Welt. Die Menschen, zu denen er führt, arrangieren sich in dieser Wildnis mit ihm. Ihnen ist er Partner, Freund und manchmal auch Feind. Seine Wildheit lässt sie ein Stück weit näher zusammenrücken.

Die Weite zu spüren, die er schafft, und die Dynamik, die ihm die ständige Bewegung des Wassers verleiht, das macht was mit dir, ganz tief drin. Und wenn du das eine Zeit lang erfährst und dann

---

An den Ufern des Yukon lässt sich noch heute der »Ruf der Wildnis« vernehmen, wie ihn schon Jack London in seinen Büchern beschrieb. Für Dirk ist er einer der »beeindruckendsten, schönsten Flüsse der Welt«.

Abschied nehmen musst, dann ist es so, wie wenn du jemandem Lebewohl sagst, den du ins Herz geschlossen hast.

Die Reisen auf dem Yukon und durchs restliche Nordamerika machten die zunächst abstrakte Weite des Kontinents, die ihm die TV-Serie Jahre zuvor verheißen hatte, zu Dirks eigenem Erfahrungsraum. Einem Erfahrungsraum, der eine starke Wirkung auf ihn hatte. Und nicht nur auf ihn.

Ich mag einfach die Weite, die das Land hat. Diese Weite prägt die Menschen und lässt sie freier denken. Ich bin mit dem Rad einmal um Amerika herumgefahren, fast fünfzehntausend Kilometer, und das hat mich total versaut. Denn wenn du ein halbes Jahr in dieser Weite unterwegs bist und dann zurück nach Deutschland kommst, merkst du, wie eng das hier ist, nicht nur räumlich, sondern vielfach auch in den Köpfen der Menschen.

Fünf Jahre nach der Umrundung, die zeitlich vor der Yukon-Tour lag, kündigte der studierte Arzt, gab seinen festen Wohnsitz auf und pendelt seither zwischen den Kontinenten. Auf die Umrundung folgten weitere Projekte mit dem Fahrrad, zum Beispiel eine sechstausend Kilometer lange Durchquerung Amerikas vom Atlantik zum Pazifik. Das Fahrrad öffne Türen, sagt Dirk. Er möge Fahrradreisen unglaublich gern, »auch weil sie so entschleunigen und man Zeit hat, Dinge am Wegesrand wahrzunehmen«.

Zum Beispiel eine freundliche Geste in der Wüste.

Unterwegs auf dem Highway 50 in Nevada, der vermeintlich einsamsten Straße Amerikas, war mein Fahrrad mit Ausrüstung, Fotoequipment und Proviant so überladen, dass ich für die gewaltigen Etappen nicht genügend Wasser mitführen konnte. Stattdessen malte ich mir ein Schild mit der Aufschrift »H_2O? ☺« und befestigte es hinten an meinem Fahrrad.

Dann raste ein Truck an mir vorbei und bremste. Bis er stand, war er weit vor mir. Ich konnte sehen, dass der Fahrer ausstieg, eine kleine Wasserflasche auf den Boden am Straßenrand stellte und weiterfuhr, weil ich noch ein paar Minuten brauchen würde, bis ich an jener Stelle ankommen würde. Das war Wahnsinn – so berührend! Die Menschen kümmern sich dort umeinander. Sie sind so wachsam und hilfsbereit, weil sie wissen, dass das Land rau und potenziell gefährlich ist. Deshalb halten sie zusammen.

Auf dem Weg vom Atlantik zum Pazifik erfährt Dirk auf eine neue Weise die Weite des amerikanischen Kontinents.

Zusammengehörigkeitsgefühl mitten im Nirgendwo. An einem wilden Fluss. In einer kargen Wüste. Weite und Nähe vereint. Ein Beispiel von vielen für das, was Dirk sucht.

Unterwegs traf er zahllose Freigeister, Eigenbrötler und Künstler, die sich, jenseits der Metropolen, für unkonventionelle Lebensentwürfe entschieden haben und in jener Weite ihre ganz eigene Vorstellung von Freiheit verwirklichen.

Dazu gehörten Menschen wie M. T. Liggett, der Kunst aus Altmetall produziert, Menschen wie Horrace Burgess, dessen Lebenswerk der Bau einer dreißig Meter hohen Baumhauskathedrale aus Holzresten ist, und Menschen wie Wild Bill, den ich vor einem Motel kennenlernte und der mir erzählte, er lebe hier in den Bergen. Ich habe mir in diesem Moment eine romantische Blockhütte vorgestellt. Ich ging mit ihm und sah sein Zuhause, ein altes, billiges Zelt aus dem Supermarkt. Er erzählte mir, er habe vor ein paar Jahren aus gesundheitlichen Gründen seinen Job verloren und irgendwann reichte das Geld nicht mehr für die Miete. Er verkaufte einen Teil seines Besitzes, stellte den Rest unter, und zog raus in die Wälder, wo er begann Ginseng-Wurzeln zu sammeln und zu verkaufen. Er lebt

---

Wild Bill lebt einsam, aber glücklich in den Wäldern von Virginia.

von Essensmarken und darf ein paar Mal in der Woche in einem Motel duschen, wenn Gäste abgereist sind und ihr Zimmer noch nicht gesäubert worden ist. Er wirkte unglaublich gepflegt und stolz und sagte, Alkohol sei kein Thema für ihn. Klar, genau genommen ist er obdachlos, aber er hat in sich geruht und hatte einen klaren Plan. Er sagte: »Ich warte auf die Rente, und wenn die durch ist, kaufe ich mir von dem Geld eine Harley Davidson und fahre einmal quer durch Amerika. Das ist mein großer Traum.« Für diesen Plan hatte er schon ein paar lederne Motorradstiefel gekauft, die er nur ganz selten trug und mir stolz zeigte. Das war eine unglaublich beeindruckende Begegnung, da draußen in den Wäldern.

Aber auch am Yukon hinterließen die Menschen bleibenden Eindruck:

Jake nennen sie alle den Mad Russian, den verrückten Russen. Er kam vor langer Zeit aus Moskau nach Alaska. Dort habe ich ihn in Galena getroffen und wir unterhielten uns über die Faszination von Flüssen und warum sie uns Menschen magisch anziehen. Er sagte: »Der Horizont, den so ein Fluss schafft, spielt die Hauptrolle. Er beeinflusst unsere Psyche. Je weiter der Blick über den Horizont schweifen kann, desto größer sind das Herz, die Seele und der Geist der Menschen.« Das ist eine Erkenntnis, die mich seit diesen Reisen begleitet.

Die Verheißung endloser Landschaften hatte Dirk nach Nordamerika geführt. Hier bereiteten sie die Bühne für Begegnungen mit Bill und Jake und vielen anderen. Sie wandelten Dirks Wahrnehmung geografischer Weite um in eine emotionale Weite. Und ließen ihn in Amerika eine Heimat finden.

Widerstände

Wie reagieren wir, wenn die Dinge gegen uns stehen? Wenn wir mit ungeahnten Widrigkeiten konfrontiert werden, wenn Erschöpfung, Verzweiflung und Mutlosigkeit uns erfassen und unsere Entschlossenheit prüfen? Ohne Widerstand kein Wachstum, ohne Rückschläge kein echter Fortschritt: Erst, wenn wir herausgefordert werden, haben wir die Möglichkeit, uns selbst kennenzulernen. Gelingt es uns schließlich, ein wenig der erreichten Resilienz in unseren Alltag einzubauen, hilft uns das wach zu bleiben und das Leben intensiver zu spüren. Das bedeutet nicht, gleich einen Berg zu besteigen, eine Wüste zu durchschreiten oder sich durch einen Dschungel zu schlagen. Sondern auf unsere eigene Weise zumindest gelegentlich den Kreis der Bequemlichkeit zu durchbrechen und unbekannte Gebiete zu betreten – nicht nur auf einer Reise, sondern auch im übrigen Leben.

Es ist viel besser, große Dinge zu wagen, große Triumphe zu feiern, auch wenn es auf dem Weg zu Fehlschlägen kommt, als sich in die Reihe der schlichten Geister einzuordnen, die weder viel Freude noch viel Leid erfahren, weil sie in der Grauzone leben, in der es weder Sieg noch Niederlage gibt.

Theodore Roosevelt

Hans Kammerlander

DIE KRAFT ZU SCHEITERN

◁ ◁ ◁ ◁ ◁ ◁ ◉ ▷ ▷ ▷ ▷ ▷ ▷

Hans Kammerlander: Ich stand am Fuß des Berges und wusste, jetzt brauche ich gutes Wetter. Seit sechs Wochen war ich in Nepal und Tibet unterwegs, immer in fünftausend bis achttausend Metern Höhe. Ich war gut vorbereitet, perfekt akklimatisiert. Und nun war der Berg da und ich wusste, wenn das Wetter stimmt, war das genau der richtige Moment.

Der Berg, der sich über ihm auftat, war gewaltig, der Plan verwegen: Hans Kammerlander war gekommen, um hier am Mount Everest seine beiden großen Leidenschaften, das Bergsteigen und Skifahren, zu verschmelzen und als erster Mensch auf Skiern vom höchsten Gipfel der Welt abzufahren.

Nach fünf Tagen im Basislager spürte er um die Mittagszeit, dass sich eine Schönwetterphase anbahnte. Abends, als alle anderen sich für die Nacht vorbereiteten, beschloss er aufzubrechen. Wo heute großer logistischer Aufwand betrieben wird, um zahlende Gäste zum Gipfel zu bringen, wollte Kammerlander allein und fast ohne Gepäck hinaufgehen. Was er außer den Skiern mitnahm, ist schnell aufgezählt: gar nichts. Keinen Flaschensauerstoff, kein Zelt, keinen Eispickel, nichts zu essen, nur eine Thermoskanne mit einem Liter Tee. Ein Kilo mehr oder weniger würde dort oben viel ausmachen. Kammerlander setzte auf absolute Leichtigkeit. Er stieg die Nacht durch und erreichte halb zehn am Vormittag den Gipfel: in weniger als 17 Stunden – ein Rekord für die schnellste Besteigung des Everest, der zehn Jahre lang hielt und an der Nordseite bis heute besteht.

Es war vollkommen windstill – ein unbeschreibliches Gefühl. Für ein paar Minuten war ich ganz bei mir. Ich schaute hinaus in die Bergwelt, und mir wurde bewusst, wie weit der Weg hierher eigentlich war.

Nicht nur am 7350 Meter hohen Jasemba zeigt sich
für Hans Kammerlander, wie nahe Tragödie und Erfolg
beieinander liegen können.

Begonnen hatte dieser Weg auf einem kleinen Bergbauernhof im Nordosten Südtirols. Das Leben im abgelegenen Tal war einfach: ohne Strom, ohne fließendes Wasser, nur mit einem Brunnen vor dem Haus und einem Ofen in der Stube. Neben dem Haus stand eine Scheune mit einer Handvoll Kühen darin.

Nach der Schule war es nicht etwa unsere Aufgabe, Hausaufgaben zu erledigen, sondern auf dem Hof mitzuhelfen. Ich erinnere mich gern an diese Zeit zurück, denn es war trotz der Armut eine schöne Zeit.

Eines Tages, ich war acht Jahre alt und lief vom Hof in die Schule, kamen mir zwei Touristen entgegen. Sie fragten mich nach dem Weg hinauf auf meinen Hausberg, den Moosstock. Ich kannte den Weg – nicht zum Gipfel, aber durch die Wälder bis zur Waldgrenze – und beschrieb ihn. Insgeheim fragte ich mich, was sie dort oben suchten. Warum wollten sie höher hinauf, als die Schafe und Kühe gingen? Da die Schule für mich ohnehin das Unwichtigste auf der Welt war, versteckte ich meine Schultasche in einem Gebüsch und folgte ihnen. Ich wollte nicht zum Gipfel, sondern einfach herausfinden, was sie vorhatten. Und stieg ihnen dann doch den ganzen Tag hinterher – heimlich, denn sie hatten ja gesehen, dass ich auf dem Weg zur Schule war und würden mich womöglich zurückschicken, wenn sie mich entdeckten.

Erst am Gipfel, in 3059 Metern Höhe, bemerkten sie mich. Erstaunt winkten sie mich herbei und schenkten mir einen köstlichen Apfel, den ich verschlang, denn ich hatte keine Verpflegung mit. Sie schimpften nicht etwa, sondern waren sehr nett. Das war eine große Freude für mich: mit ihnen dort oben zu sein, unter uns dieser tiefe Blick ins Heimattal. Nie hätte ich für möglich gehalten, dass Berge so hoch sind! Und ich sah, wie viele weitere Berge es drum herum gab.

Niemandem konnte ich von diesem Erlebnis erzählen. Diese Freude war ganz für mich allein. Und sie weckte meine Leidenschaft für die Berge.

Es wurde eine Leidenschaft, die Kammerlander ein intensives Leben bescherte: ein Leben, das immer wieder deutlich machte, wie nah Erfolg und Misserfolg, Leben und Tod, Glück und Tragödie beieinander liegen können.

In meinem ersten Bergführerjahr, ich war 21, verunglückte unmittelbar neben mir ein Bergführerkollege tödlich mit seinem Gast.

1996 wagt Hans Kammerlander das Undenkbare: Nach einer Besteigung
des Mount Everest in Rekordzeit stellt er sich auf seine Skier,
um als erster Mensch vom höchsten Gipfel der Welt abzufahren.

Das war am Ortler, dem höchsten Berg Südtirols. Ich war mit zwei Gästen im Abstieg unmittelbar vor ihm. Dann kam eine Eislawine runter und erwischte ihn und einen seiner Gäste. Sie hatten keine Chance. Ich entging ihr um wenige Sekunden. Das war für mich sehr hart: Endlich war es mir gelungen, mein Hobby zum Beruf zu machen. Endlich war ich Bergführer. Ich war so glücklich, denn ich musste nicht mehr arbeiten. Wenn ich in der Frühe raus bin, um Gäste auf einen Berg zu begleiten, war das für mich keine Arbeit, sondern Freude. Und dann kam dieser Unfall. Er hat mich deutlich gemahnt. Mit solchen Rückschlägen musste ich umgehen lernen.

Einer der schwerwiegendsten Rückschläge in Kammerlanders Leben ereignete sich 1991 am Manaslu – eigentlich einem der am einfachsten zu besteigenden Achttausender. In den zurückliegenden Jahren hatte Kammerlander in der erfolgreichsten Seilschaft der Bergsteiger-Geschichte gemeinsam mit Reinhold Messner sieben der vierzehn Achttausender bezwungen. Nun, da sich Messner neuen Zielen zuwandte und Kammerlander seinen eigenen Weg ging, fragten ihn Kletterpartner und Freunde, ob sie ihn nicht einmal auf eine Expedition begleiten könnten, wie er sie mit Messner so oft unternommen hatte.

Ich dachte mir: Messner hat dich vom Bergbauernhof geholt, dir eine Chance gegeben und dich mitgenommen zu den hohen Bergen der Welt – gib' du doch deinen Freunden jetzt auch eine Chance. Organisiere etwas ganz Besonderes für sie: einen Berg, der technisch machbar ist und gerade noch zu den Achttausendern gehört. Es war die erste Expedition, die ich selbst organisierte, bestehend aus einer Gruppe von zehn netten Leuten.

Vor dem letzten Gipfelversuch hatten die meisten von ihnen schon aufgegeben. Übrig waren die Stärksten aus der Gruppe: zwei meiner besten Freunde, Carlo Großrubatscher und Friedl Mutschlechner, und ich. Aber die Bedingungen waren schlecht, der Wind zu stark, und so mussten auch wir der Reihe nach vor dem Gipfel umkehren. Ich gab zuletzt auf und folgte den anderen beiden in einigem Abstand hinunter zu unserem Biwakzelt auf über siebentausend Metern Höhe. Bis dorthin war das Gelände nicht schwierig, man konnte routiniert absteigen. Doch als ich das Lager erreichte, fehlte Großrubatscher. Mutschlechner hatte nichts mitbekommen. Unsere einzige Erklärung war, dass er einen Fehler beim Anschnallen der Steigeisen gemacht hatte, eines verloren haben und abgestürzt sein musste. Ohne Steigeisen waren die vereisten Flanken einfach zu steil.

Völlig schockiert stiegen wir ab, im dichten Nebel. Als wir vielleicht auf sechseinhalbtausend Metern Höhe waren, vernahmen wir ein Summen, wie von einer Wespe. Es deutete darauf hin, wie aufgeladen die Luft war. Wir sorgten uns kaum, denn in so großer Höhe ist die Gewittergefahr gering. Meistens entstehen Unwetter weiter unten.

Auf einmal gab es einen dumpfen Knall. Mutschlechner, mein Lehrmeister im Felsklettern und enger Freund, stand etwa zehn Meter von mir entfernt, etwas oberhalb, einen Eispickel auf den Rucksack geschnallt. Der Blitz traf ihn mit voller Wucht. Er fiel in den Schnee und war sofort tot. Mit Sicherheit hat er für keine Zehntelsekunde irgendeine Art von Schmerz gespürt. Das war mir später ein großer Trost. Auch ich bekam einen mächtigen Stromschlag ab, verbrannte mir die linke Hand. Die Hauptkraft des Blitzes hatte mich um wenige Zentimeter verfehlt. Hätte Mutschlechner nicht etwas über mir gestanden, mit dem Eispickel am Rucksack, wäre ich getroffen worden.

Und dann begann ein unbeschreibliches Inferno. Dunkle Wolken brodelten, ein Gewitter zog auf und wurde zu einem gewaltigen Schneesturm. Die Blitze folgten so dicht aufeinander, dass ich nur auf den nächsten Einschlag wartete. Für mich war mein Leben vorbei. Ich war mitten im Auge des Gewitters. Bei den Dreharbeiten zu einem Kinofilm über mein Leben Jahre später sagte ich dem Regisseur: »Hier kannst du alle Register ziehen. Egal, wie sehr du zu übertreiben versuchst, schlimmer als es war, kannst du es nicht filmen.«

Ich konnte unter diesen Bedingungen weder vor noch zurück, musste die ganze Nacht oben im Zelt verbringen. Ein paar Mal bin ich raus, um einen kleinen Luftkanal durch den Schnee zu graben, der sich immer höher auftürmte. Dazu der Sturm und immer neue Blitze. Ich fragte mich, warum ich noch lebte. Innerhalb weniger Stunden hatte ich zwei Kollegen verloren, die mir so nahe waren. Im Tal wartete die Frau von Mutschlechner, die ihn überraschen wollte. Ihr würde ich die Nachricht überbringen müssen. Wie gern hätte ich da mit einem der beiden Verunglückten getauscht.

Am nächsten Morgen: Sonne. Der Berg ganz lieblich zugedeckt mit einem Winterkleid. Gerade noch die Hölle, jetzt tiefe Ruhe. Ich stand oben und kam mit meinen Gedanken nicht klar. War das alles wirklich passiert?

Es dauerte lange, bis ich die Ereignisse verarbeitet hatte. Die nächsten Wochen und Monate waren mühsam. Ich zog mich auf den elterlichen Hof meines Bruders zurück und wollte nie wieder einen Berg besteigen. Aber ein Versprechen, das ich ein Jahr zuvor meinem kleinen Neffen gegeben hatte, zwang mich schließlich, mit ihm zu einer kleinen Bergwanderung aufzubrechen. Er freute sich so sehr. Ich sah, wie dieses Kind im leichten Felsgelände herumtanzte, während ich selbst das Gefühl hatte, am Manaslu den letzten Rest der Kindheit verloren zu haben. Und dann ist der Berg nicht mehr das Richtige. Du musst einen Rest Kindheit behalten, sonst darfst du nicht klettern gehen. Sonst überdenkst du jeden Schritt viel zu negativ.

Mit dieser Wanderung fing ich langsam wieder an. Aber ich schwor mir, nie wieder in meinem Leben zum Manaslu zurückzukehren, wo ich so sehr gelitten hatte.

Diese und zahllose andere prägende Erlebnisse lagen hinter ihm, als er auf dem Gipfel des Everest stand, den Blick über die endlose Bergwelt gleiten ließ und sich für einen Moment in Erinnerungen verlor.

Ich dachte daran, wie ich als Kind das erste Mal auf den Hausberg gestiegen war, an die vielen Hürden und Tausende Berge, und plötzlich war ich dort angekommen, wovon ich so viele Jahre geträumt hatte, und konnte es noch intensiver erleben, weil ich ganz allein war und das Wetter mir nicht drohend entgegenwirkte. Es war ein starker Moment.

Dann trat er aus den spitzzackigen Steigeisen, die ihm die ganze Nacht und den ganzen Morgen Halt gegeben hatten, hinein in die Bindung der Ski.

Ich hatte das Gefühl, in meinem Leben noch nie so rutschige Ski unter den Füßen gehabt zu haben. Als stünde ich auf einem Plastiksack im Schnee. Der Gleichgewichtssinn funktionierte aufgrund des Sauerstoffmangels nicht mehr richtig. Und die Skispitzen stachen hinaus in die Luft. Die Nordflanke unter mir war bodenlos. Tief und schattig. Von unten kam ein leichter, kalter Wind, der Schneekristalle hinaufblies. Immer wieder schob ich mich etwas vor und wich zurück, kämpfte mit mir. Jeder Fehler würde tödlich enden, aber ich wusste, dass ich diese Neigung fahren konnte. Ich hatte das schließlich oft geübt. Doch zugleich überkam mich das Gefühl, dass mich die Tiefe förmlich nach unten saugte, und ich wich erneut zurück.

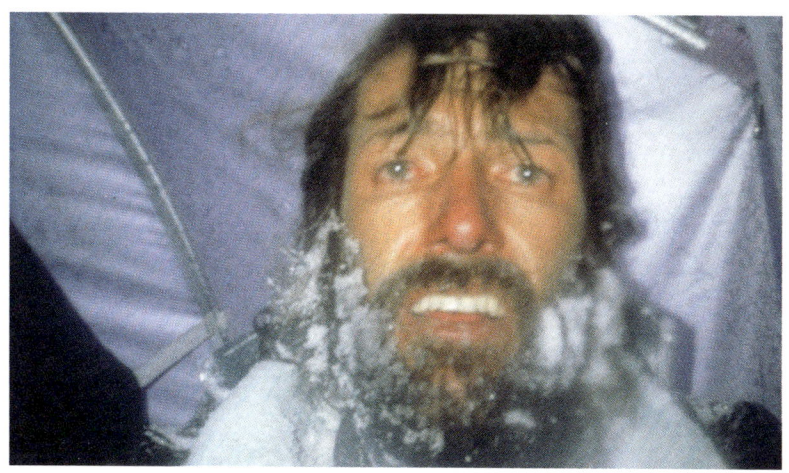

Als ich mich endlich überwand hinunterzufahren, war nach ein paar Minuten alles okay. Ich war drin in der Flanke, statt von oben hineinzuschauen – ein entscheidender Unterschied.

Die Angst nicht von fern zu betrachten, sondern sich ihr zu stellen, gelang Kammerlander nicht nur bei der Ski-Abfahrt vom Everest, sondern auch Jahre später, als ihn ein ähnliches Schicksal ereilte wie am Manaslu. Beim Versuch einer Erstbesteigung des 7350 Meter hohen Jasemba auf der chinesisch-nepalesischen Grenze, scheiterten er und seine Freunde Karl Unterkircher und Luis Brugger. Bei einem zweiten Versuch im darauffolgenden Jahr stürzte Brugger beim Abseilen ab und riss das Seil mit sich. Kammerlander war in einer riesigen, steilen Felswand gefangen, die ohne Sicherung kaum zu klettern war. Er musste es trotzdem versuchen.

Wenn man in einer Falle steckt, ist man zu viel, viel mehr fähig, als man freiwillig aus Kopf und Körper rausholen konnte. Du musst dann einfach. Du kannst nicht mehr abbrechen. Und ich musste in diesem Fall: runter.

Im Jahr darauf überredete Unterkircher Kammerlander dazu, wiederum zum Jasemba zurückzukehren und zu beenden, was sie begonnen hatten. Bei diesem dritten Versuch gelang die Erstbesteigung endlich.

Am Rande seines Fassungsvermögens:
Hans im Zelt an den Hängen des Manaslu, nachdem er innerhalb
weniger Stunden zwei seiner besten Freunde verlor

Dort oben, auf dem Gipfel, war ich so glücklich, mich doch noch überwunden zu haben zurückzukommen, statt aufzugeben. Wir widmeten die Route unserem verunglückten Freund, Luis Brugger. Der Erfolg machte den Verlust erträglich. Das veränderte mein Denken ganz allgemein. Seit dem Jasemba weiß ich: Wenn irgendwo eine schwere Stelle kommt, wenn du irgendwo im Leben nicht weiter weißt, hat es keinen Sinn, den Kopf in den Sand zu stecken und zu jammern. Das Beste ist: einfach weitergehen.

Doch auch nach diesem Triumph setzten sich die tragischen Ereignisse fort. Nur ein Jahr später kam Unterkircher am Nanga Parbat ums Leben, als er in eine Gletscherspalte stürzte. Von den drei Freunden, die aufgebrochen waren, den Jasemba zu erklimmen, war nur noch Kammerlander übrig. Was die Frage nahelegt, warum er und viele andere sich diesen Gefahren immer wieder aussetzen.

Ich sage es ganz offen: Als ich im Wettlauf um die hohen Berge professionell kletterte, bin ich immer ans Limit gegangen. Ich habe mich gut vorbereitet, aber von Vorsicht war da eigentlich keine Spur mehr. Ich und viele andere, wir haben uns immer ganz nahe an der Grenze bewegt, und dass dabei immer wieder etwas passieren konnte, diese Wahrscheinlichkeit war gegeben. Warum das alles? Nun, in einer Situation, in der ich sehr aufpassen und unwahrscheinlich scharf überlegen muss, wie ich aus ihr herauskomme, fühle ich, wie wertvoll mir das Leben eigentlich ist. Denn ich möchte unbedingt leben. Zu Hause auf der Couch ist alles diffus und normal. Ich brauche den Hauch von Gefahr, um den Wert des Lebens zu spüren. Das geht mir immer noch so. Nur, dass ich jetzt nicht mehr so extrem ans Limit gehen muss. Ich habe ein Vierteljahrhundert Wettlauf auf die höchsten Gipfel überlebt und möchte die Berge inzwischen wieder genießen. Wie als Kind.

Wenn ich als junger Bursche auf einem Gipfel war, dann war ich so glücklich, einfach nur glücklich. Das war pures Gipfelglück. Erreichte ich später als Profi einen Gipfel, war es ein Gipfelerfolg, den ich für meinen Beruf brauchte. Das ist etwas ganz anderes. Mittlerweile bin ich nicht mehr im Wettlauf. Ich habe mehr Zeit, auch für das, was um die Berge herum stattfindet, die Kultur und die Landschaften. Der Gipfel ist vom Ziel zu einem Teil meiner Reisen geworden. Und das Gefühl meiner Jugendzeit kommt langsam zurück, wenn ich irgendwo bin. Das ist richtig schön. Das hätte ich nicht für möglich gehalten.

Entgegen seines Schwurs kehrte Kammerlander im Jahr 2017 doch noch zu seinem Schicksalsberg zurück: dem Manaslu.

Nachdem ich am Jasemba gelernt hatte, wie heilsam es ist, anstatt ständig in eine düstere Vergangenheit zurückzuschauen, lieber voranzuschreiten, kam der Gedanke, auch den Weg zum Manaslu zu beenden, mich nicht länger davor zu drücken.

Den Gipfel erreichte ich auch dieses Mal nicht, aber ich hatte Zeit, viele Erinnerungen zu wecken. Ich hatte erwartet, sie würden sehr schmerzhaft sein. Aber im Gegenteil: Dort, wo vor so vielen Jahren der Wahnsinn getobt hatte, war jetzt alles friedlich. Der Berg trug ja keine Schuld an der Tragödie. Und ich dachte an all die schönen Momente, die ich hier mit meinen Freunden gehabt hatte. Wir hatten so viel erlebt und so viel gelacht. Irgendwo hier im Eis waren sie, und es war in Ordnung so. Als würde ich ihr Grab besuchen und mir ein paar Gedanken machen. Ich hätte viel früher zu ihnen zurückkehren sollen, aber man muss dazulernen im Leben, immer wieder lernen.

Ja, ich scheiterte wegen der Schneemassen auch dieses Mal vor dem Gipfel, aber in jeder Hinsicht anders als 1991. Man muss scheitern können. Und ich bin oft gescheitert. Auch auf dem K2, dem König der Achttausender. Von ihm wollte ich nach meinen Erfolgen auf dem Everest und dem Nanga Parbat ebenfalls mit Skiern abfahren. Ich startete vom Gipfel und versuchte es, musste aber abbrechen. Scheitern gehört zum Leben. Wenn jemand nicht scheitern kann, wenn er davor zu viel Angst hat, dann wird er auch nicht imstande sein, neue Wege zu probieren.

So ist der eine oder andere Bergwunsch für mich unerfüllt geblieben. Aber das ist egal. Vom K2 ist inzwischen ein Pole hintergefahren, genau auf der Route, die ich geplant hatte. Ich habe ihm herzlich gratuliert. Diese ganzen anspruchsvollen, alpinen Ziele sind für mich nicht mehr da. Was noch offengeblieben ist, schaffe ich nicht mehr. Das wird die nächste Generation machen.

Mein Ziel ist ein anderes: Mit neunzig Jahren möchte ich nochmal auf meinem Hausberg stehen, dem Moosstock, wo mit acht Jahren alles begann. Ich glaube, ich würde oben stehen und mich genauso freuen wie damals als Achtjähriger. Dann hätte sich ein Kreis geschlossen.

Aufstieg in lange vergrabene Erinnerungen: Hans bei seiner Rückkehr zum Manaslu im Jahr 2017

Anselm Pahnke

ALLEIN GEGEN DEN WIND

Anselm Pahnke: Man findet nicht so schnell Menschen, die sagen: »Mit dem Fahrrad durch Afrika radeln? Hört sich gut an!«

Hätte Anselm solche Menschen nicht doch gefunden, wäre er nie aufgebrochen.
Die Zusage kam im letzten Moment: übers Internet, wo er zwei junge Männer kennengelernt hatte. Persönlich begegnen sollte er ihnen das erste Mal am Flughafen in Kapstadt, dem Startpunkt ihrer gemeinsamen Tour.

All meine früheren Reisen habe ich gemeinsam mit anderen durchgeführt. Die Zeit auf dem Fahrrad oder in der Natur, etwa in einer großen Wüste, ganz mit mir allein zu verbringen, mit meinen Gedanken und Gefühlen, das konnte ich mir einfach nicht vorstellen. Ich hatte Angst davor, abgekoppelt zu sein.

Nachdem er sich mit seinen neuen Reisepartnern geeinigt hatte, ging alles ganz schnell: Ein einziger Tag blieb ihm fürs Packen, dann brach der 25-Jährige auf ins Unbekannte.

Als wir starteten, gab es keinen großen Schlachtplan, weder zur Route noch zu unserem Ziel. Wir fuhren einfach los und merkten früh, dass es uns half, uns keine weit entfernten Ziele zu setzen. Zunächst mussten wir ein Bündnis schmieden und unsere Reisefreundschaft stärken. Wir verließen Kapstadt und beschlossen quasi beim Losfahren die Ostroute zu nehmen, über Port Elizabeth Richtung Mosambik. Immer wieder wurden wir auf wundervolle Weinfarmen eingeladen, Anwesen wohlhabender, freundlicher Weißer, die sich mit Mauern und Zäunen gegen das angeblich Böse abschotteten und uns regelmäßig warnten, wie gefährlich es sei, in diese oder jene Stadt zu fahren. Dort trafen wir dann wiederum

---

Trotz Strapazen reicht die Kraft auf den Schotterstraßen
im Bergland Namibias für ein Lächeln.

unglaublich freundliche, dunkelhäutige Afrikaner. Der Rassismus und die Gefahr, die beide Seiten uns einzureden versuchten, irritierten mich in den ersten Wochen sehr. Dennoch haben wir jede Nacht draußen geschlafen und immer wieder gespürt: Unsere Reise funktioniert.

Dabei blieb alles sehr spontan. Wir sprachen nie darüber, wie lange wir unsere Tour fortsetzen würden, und gerade deshalb, weil es so gut funktionierte, war ich mir sicher, es könne noch Monate oder vielleicht sogar ein ganzes Jahr weitergehen. Die Gesellschaft meiner Mitreisenden bedeutete mir viel. Sie waren beide vier Jahre älter als ich und besaßen große Reiseerfahrung. Seit drei Jahren waren sie mittlerweile unterwegs. Da konnte ich mir einiges abgucken, zum Beispiel im Hinblick auf Kommunikation und darauf, wie hilfreich es ist, sich in einer Gruppe morgens und abends eine halbe Stunde zu gönnen, in der niemand redet und sich jeder mit sich selbst beschäftigen kann. Anfangs war ich sehr ungeduldig, fixiert auf das Tagesziel, wollte morgens früh raus und wahnsinnig viel Strecke machen. Ich lernte, dass in den Tag hinein zu leben, den Tag auszuleben, die wirklich tollen Momente bringt.

Anselm und die beiden anderen verstanden sich prächtig. Sie übten im Fahren Frisbee zu werfen, von Fahrrad zu Fahrrad, auf großen, leeren Highways, bis es ihnen vierzigmal in Folge gelang. Sie lachten, erlebten bewegende Momente – all das, was man sich von einem Roadtrip mit Freunden erhofft. Anselm bewegte sich in einer fahrenden Komfortzone – die dann ganz plötzlich verpuffte.

Aufbruch lag in der Luft. Wir fuhren morgens los, waren gerade in Botswana angekommen. Ein neues Land wartete auf uns und darin die Kalahari-Wüste. An diesem Morgen verkündeten sie mir, dass sie die Reise beenden würden. Ich hatte gar nicht mehr daran gedacht, dass dies möglich sein könnte. Für mich kam die Botschaft wie ein Hammerschlag. Ich brauchte ein paar Tage, um sie zu verkraften und mir Gedanken darüber zu machen, wie es weitergehen sollte. Ich war konfrontiert mit meiner größten Angst: allein zu sein.

Ich sah nur zwei Optionen: Ich fahre zurück – oder ich begegne ihr.

Schließlich nahm ich mir vor, es ein paar Tage allein zu versuchen. Ich würde in die Wüste hineinfahren und schauen, wie es mir dabei ging. Das verlängerte ich von Tag zu Tag. So ertrug ich die ersten Wochen. Langsam entstand in mir eine neue Beziehung zu

Irgendwo im Sudan. Für Anselm ist das Fahrrad das beste Reisemittel, »um nahe dran zu sein, um da zu sein, wo man wirklich wahrnimmt und wirklich wahrgenommen wird«.

mir selbst. Permanent achtete ich auf meine Stimmung, fühlte nach, wie es mir ging, ob etwas in mir kippte, hütete das bisschen Glück, das ich irgendwie erzeugen konnte, und setzte die Tour fort. Zwei Monate durchfuhr ich die Kalahari und traf kaum jemanden. Für mich war es eine ganz neue Art des Unbekannten, in das ich mich hineinwagte, Tag für Tag, Woche für Woche. Es gab keine Beziehungen mehr. Die ganzen Späße mit anderen Menschen, der Austausch, das Äußere – das gab es nicht mehr. Ich komme ja aus einer Gesellschaft, die mich daran gewöhnt hat, mich ständig abzulenken, Feedback zu erhalten, mich ständig selbst zu bewerten und auch zu verstellen. Das passiert automatisch, wenn man mit Menschen zu tun hat, mit Kommilitonen, mit dem Arbeitgeber.

Jetzt war ich in der Wüste, der scheinbar schlechtesten Übungsplattform für den Umgang mit der Angst vor dem Alleinsein. Langsam merkte ich, dass es egal war, wie ich heiße, was ich mache. Nichts davon spielte hier eine Rolle. Ich wurde nicht mehr wahrgenommen, wurde zu einem kleinen Sandkorn. Wenn ich von den

Löwen, die nachts mal ans Zelt kamen, aufgefressen worden wäre, hätte es niemand mitbekommen. Dieses Gefühl der Bedeutungslosigkeit öffnete die Tür zu einer großen inneren Freiheit. Man ist so lange einsam, bis man lernt allein zu sein. Wenn ich allein bin, muss ich mich nicht verstellen.

Sucht man die Dinge nur noch bei sich, entsteht ein ganz neuer Drang weiterzumachen, seinen Impulsen zu folgen und mit sich selbst Freundschaft zu schließen. Das halte ich für eine wunderschöne Erfahrung.

Ich erreichte die Namib, die älteste Wüste der Welt, fuhr durch den Caprivizipfel nach Simbabwe, vorbei an den Viktoriafällen und durch die hügeligen Landschaften Sambias, durch Tansania, Ruanda, Uganda, Kenia, Äthiopien und übers äthiopische Hochland runter in den Sudan. Dann erreichte ich die Sahelzone und die Sahara. Das sind sehr trockene Regionen. Das bedeutete auch, dass ich für mehrere Tage bis zu 25 Liter Wasser mitnehmen musste und sehr viele Nahrungsvorräte.

Viele wissen vielleicht, dass der Wind in der Sahara fast immer von Norden kommt. Für mich bedeutete das: von vorn! Ich dagegen wusste das vorher nicht.

Über dreitausend Kilometer fuhr Anselm nahezu unentwegt gegen den Wind an, in Schrittgeschwindigkeit, Tag und Nacht, eingehüllt in die Staubwolken der Sahara. Abgesehen vom Wind, der in seinen Ohren rauschte, und den feinen Sandkörnern, die vor seinen Augen tanzten, hörte und sah er kaum etwas. Den Rückspiegel, den er am Lenker montiert hatte, behielt er permanent im Auge – jedenfalls fast. War er doch einmal unachtsam, schossen häufig aus dem Nichts schwer beladene Lastwagen an ihm vorbei. Deren Fahrer waren nicht gewohnt auf diesen Straßen nach Radfahrern Ausschau zu halten und hätten keine Möglichkeit gehabt, rechtzeitig zu reagieren, wenn sie ihn nicht frühzeitig sahen. Anselm bekam das Gefühl, auf diesen Straßen eigentlich nichts verloren zu haben.

Es war eine ganz neue Art Herausforderung, allein mit dem Wind, irgendwo im Nirgendwo, mit dem Fahrrad als einzigem Begleiter.

Mit meinem Fahrrad ist es so: Ich würde mein Fahrrad heute gegen ein anderes tauschen. Diese persönliche Beziehung, die haben wir

---

Tag für Tag verbringt Anselm unter der sengenden Sonne – hier: in Malawi.

In Südafrika klopft der Winter an und bereitet kalte Nächte.

gar nicht. Ich nehme das Fahrrad eigentlich nur, weil es für mich das beste Reisemittel ist, um nahe dran zu sein, um da zu sein, wo man wirklich wahrnimmt und auch wahrgenommen wird, wo ein Kontakt entsteht. Ich war nie wütend auf mein Fahrrad, denn das konnte ja nichts dafür, dass es so schlimm war. Aber auf den Sahara-Wind, der so feige ist, der einfach nicht zu greifen ist, der so laut in den Ohren rauscht und wie ein unsichtbarer Gegner daherkommt. Berge sind ja total freundlich, weil sie dir die Abfahrt schenken, aber der Wind kann erbarmungslos sein. Ich bin auch mal um vier Uhr morgens gefahren, und selbst dann war der Wind da. Jeden Tag und jede Nacht. Da musst du schon einen festen Glauben entwickeln, um irgendwie durchzukommen, ihn auszublenden, ihm irgendwann vielleicht auch die Hand zu geben und von dieser Wut abzulassen.

Einsamkeit und Wind waren nicht die einzigen Gegner, mit denen Anselm es unterwegs aufnahm. In Uganda steckte er sich mit dem Malaria-Virus an, in Ägypten landete er im Gefängnis.

In solchen Situationen spürst du: Jetzt liegt es an dir. Deine Aufgabe ist, da jetzt wieder rauszukommen. Und genau dann fühle ich mich lebendig. Ich glaube, ich habe diese Grenzen wirklich gesucht. Gerade dort, wo mich das Leben herausfordert, wo all meine Sinne geschärft sind, wo ich in eine Situation hineingeworfen werde, die präsenter nicht sein kann, da merke ich erst, wie wertvoll das Leben ist. Hinter der Sicherheit wartet sehr viel Unbekanntes und Pures.

Das Erspüren dieses Unbekannten trieb Anselm über rund fünfzehntausend Kilometer und 414 Tage hinweg an, während er sich an Widerständen wie dem Alleinsein, körperlichen Anstrengungen und unvorhersehbaren Bedrohungen rieb.

Wir sind gewohnt ein Leben zu leben, das immer von A nach B geht. Für jedes Vorwärts gibt es ein Zurück. Wir kommen zurück nach Hause, wir gehen zurück zur Arbeit. Hin und Her. Auf solch einer Tour fährst du dagegen immer weiter, immer wieder in einen neuen Tag hinein, an dem du nicht weißt, wo du abends schläfst. Irgendwann folgst du einem Impuls und wählst instinktiv einen Platz, der dir gefällt. Ich habe nach einer Weile ganz auf mein Zelt verzichtet, um noch näher dran zu sein am Abendhimmel, an der Morgensonne und an den Geräuschen.

Heute gibt es für mich nichts Schöneres, als mich irgendwo niederzulassen, mit meinen Abendritualen zu beginnen – dem Kochen, dem Meditieren, dem Singen und Philosophieren – und morgens frisch in den Tag zu starten. Und so jeden Ort zu meinem Zuhause machen zu dürfen.

Auf diese Weise lernte ich, wie bereichernd es sein kann, sich dem Unbekannten hinzugeben, auf Dinge zu verzichten und mir selbst immer wieder einen Strich durch die Rechnung zu machen. Einiges davon versuche ich seither auch hier in Deutschland zu berücksichtigen. Ich versuche so weit wie möglich ohne Kalender und Uhr zu leben und den vielen Fragen nach der Zukunft auszuweichen. Das ist eine der größten Schwierigkeiten beim Versuch, achtsam zu sein: sich nicht dem Vergleich mit anderen Menschen auszusetzen, darüber wie ihre und meine Zukunft aussieht. Die meisten Menschen wollen sich auf Monate und Jahre hinaus absichern. Weil sie klein denken, erscheint ihnen die Welt sehr groß, zum Teil fremd und manchmal bedrohlich. Ich versuche meinerseits nicht viel weiter als bis in den nächsten Tag zu schauen. Das hatte sich für mich auch unterwegs bewährt, wenn mir mal wieder ein Sandsturm entgegenblies. Und ich habe unterwegs für mich erkannt, dass Angst und Gefahr nur Projektionen von Nichtwissen sind. Wir sind in unserer Gesellschaft daran gewöhnt, Bilder von Gefahren zu sehen, aber wir sollten uns nicht von der Angst vor dem Unbekannten treiben lassen.

Nach der Schule, nach der Uni, jeden Tag und jede Stunde, haben wir unendlich viele Möglichkeiten, unser Leben zu gestalten. Sich einzugrenzen und sich mit den Gedanken darauf zu konzentrieren, was man wirklich tun möchte, sich auf wenige Punkte zu fokussieren, das ist sehr hilfreich: beim Anradeln gegen endlosen Gegenwind – und im übrigen Leben auch.

Inmitten der endlosen Weiten der Sahara ist der Wind ein starker, unsichtbarer Gegner.

Andreas Pröve

EIN LEBEN GEGEN DEN STROM

◁ ◁ ◁ ◁ ◁ ◁ ⊙ ▷ ▷ ▷ ▷ ▷ ▷

Andreas Pröve: Um meinen Traum zu verwirklichen, die Quelle des Ganges zu erreichen, musste ich auf den Rücken von Sherpas geschnallt werden wie ein Rucksack. Auch meine Beine wurden hochgeschnallt. Dann sind sie mit mir über schmale Kletterpfade mit Abgründen von hundert Metern rechts oder links über Gletscher gegangen, auf denen man ganz schnell hätte abrutschen können. Bis eine Stunde vor dem Ziel habe ich selbst nicht geglaubt, dass wir es schaffen würden. Nach dieser Reise musste ich meiner Frau versprechen, dass ich so was nicht noch mal mache. Ganz habe ich mich nicht daran gehalten.

Andreas hatte seine Reise an der Mündung des Ganges in Kalkutta begonnen und war dem Fluss dann bis zur Quelle gefolgt, hoch oben im Himalaya.

Unterwegs merkte ich, wie viel man an einem Fluss über ein Land lernen kann, weil Flüsse Lebensadern sind. Der Fluss war schon da, bevor der erste Mensch kam, bevor die erste Kultur entstand. Auch der Rhein und die Donau waren da, bevor irgendjemand eine Keule geschwungen hat.

Zivilisationen entstanden an Flüssen. Und bei einer Flussreise lässt sich eine Kultur wunderbar kennenlernen. Man kann an ihm und auf ihm reisen und er begleitet einen – wie ein roter Faden. Deshalb ließ ich auf den Ganges einige Jahre später den Mekong folgen und schließlich den Jangtse, um meine Flüsse-Trilogie zu vervollständigen.

In allen drei Fällen bewegte Andreas sich gleich in mehrfacher Hinsicht gegen den Strom. Zum einen, weil er jeweils über viele tausend Kilometer hinweg von der Mündung bis hinauf zur Quelle reiste. Zum anderen, weil er bei Unternehmungen wie diesen in ganz besonderer Weise mit Hindernissen

---

Seit dem 23. Lebensjahr querschnittsgelähmt:
Andreas Pröve, hier am Indischen Ozean,
führt ein Leben gegen den Strom.

konfrontiert ist, seit er 1981 mit 23 Jahren mit seinem Motorrad verunglückte und eine Querschnittslähmung erlitt. Als er anschließend monatelang im Krankenhaus lag, ruhte sein Blick immer wieder auf einem Poster, das sein Bruder an der Wand angebracht hatte. Das Bild zeigte Andreas während einer Indienreise, die er vor dem Unfall unternommen hatte. In Andreas entstand der Gedanke, es müsse auch im Rollstuhl möglich sein, solche Reisen zu unternehmen – und nach Indien zurückzukehren.

Eine Zeit lang wagte ich nicht jemanden zu fragen. Ich konnte mir nicht vorstellen, dass mir jemand eine ehrliche Antwort geben würde. Irgendwann tat ich es dann aber doch. Und natürlich, das Krankenhauspersonal riet mir ab, verwies auf die hygienischen Verhältnisse, die überfüllten Verkehrsmittel. Sie erzählten, ich könne einen schönen Urlaub im italienischen San Felice Circeo verbringen. Dort gebe es eine behütete Behindertenwohnanlage, ausgestattet mit rollstuhlgerechten Rampen und hilfsbereiten Zivis, die mir ins Wasser rein- und wieder raushelfen würden. Gewiss gibt es Leute, die froh sind, wenn sie dort betreut werden, aber für mich war das nach der Lähmung eine zusätzliche Hiobsbotschaft. Ich habe zu dem Thema nichts mehr gesagt und es dann, nachdem ich entlassen worden war, einfach versucht. Meine Eltern, Geschwister und Freunde schlugen ihre Hände über den Köpfen zusammen und versuchten noch, mir meinen Plan wieder auszureden, aber das misslang ihnen, und so buchte ich meinen Flug nach Colombo in Sri Lanka.

Es war ein Sprung ins kalte Wasser. Rollstuhlfahrer werden ja überall geschoben, und ich weiß noch, dass es auch am Flughafen in Colombo Personal gab, das sich um Reisende kümmerte, die nicht laufen konnten. Eine Bedienstete schob mich zum Gepäckband, nahm meinen Rucksack herunter, und schob mich weiter zur Wechselstube. Am Ausgang fragte sie mich schließlich, wer mich denn jetzt abhole. Als ich ihr sagte, dass mich niemand abholen komme, wollte sie das nicht glauben. Sie wollte mich gar nicht loslassen. Ich rollte dann einfach davon, in die Stadt hinein, und die Frau blickte mir entgeistert nach.

Ich muss sagen, es war hart. Auf den Bürgersteigen, sofern sie vorhanden waren, ging es ständig bergauf und bergab, ohne Rampen, dafür mit Stufen. Dazu kam die offene Kanalisation: Immer wieder

---

Auf den Rücken eines Sherpas geschnallt wie ein Rucksack:
Andreas unterwegs zur Quelle des Ganges

klafften Löcher, in die ich hineinzustürzen drohte. Ich gab schnell auf und reihte mich in den Straßenverkehr ein, was natürlich ganz eigene Gefahren barg. Ich habe auf dieser ersten Reise echt Federn lassen müssen und auch nicht all meine Wünsche erfüllen können. Heutzutage bin ich mit einem Handfahrrad unterwegs, aber damals war ich auf die öffentlichen Verkehrsmittel angewiesen, in die ich häufig einfach nicht reinkam, weil sie zu eng, zu hoch oder zu voll waren. Ich musste lernen, immer auch das Scheitern zu akzeptieren und um Hilfe zu bitten. Ich gebe zu, dass ich das heute auch erst dann tue, wenn ich alle anderen Optionen ausgeschöpft habe. Wenn es nur Stufen gibt und keine Rampe, muss ich fragen, ganz klar. Jedenfalls, wenn ich irgendwo wirklich rauf will. Manchmal lohnt es vielleicht auch nicht. Dann wäge ich ab, ob es die Mühe wert ist. Und: ob ich auch Leute finde, die mich wieder runtertragen! Das ist mir auch schon passiert: In Neu-Delhi habe ich mich im Safdarjung-Mausoleum zehn, fünfzehn Stufen hochschleppen lassen und beobachtete von hier aus, wie sich im Sonnenuntergang das Abendlicht magisch über die Stadt ergoss.

Irgendwann wurden die Parkanlagen geschlossen. Ich stand oben, genoss die Schönheit, und auf einmal wurde mir klar: Hier ist niemand mehr, der mich wieder runterschleppen kann!

Ein paar Stunden später entdeckte mich ein Wächter, der seine Runden drehte, aber auch er konnte mich nicht allein runtertragen, sondern musste erst zur Straße gehen und Passanten bitten mitzuhelfen. Ich muss also immer vorausschauend unterwegs sein.

Trotz solcher Herausforderungen: All die Probleme, die mir vorausgesagt wurden und an denen ich auch fürchtete zu scheitern, lösten sich Stück für Stück in Luft auf. Dafür kamen Probleme hinzu, mit denen ich nicht gerechnet hatte. Doch generell machte ich die Erfahrung: Es geht!

Andreas schöpfte Mut. Fürs Leben und weitere Reisen. Zum Beispiel nach Jordanien, wo er die legendäre Felsenstadt Petra erkundete.

Wer schon dort gewesen ist, weiß, dass man zunächst durch einen Siq wandern muss, eine schmale Felsschlucht. Die ist zwar leidlich gepflastert, mit dem Rollstuhl aber dennoch haarig zu befahren. Nach anderthalb Kilometern erreicht man den Vorplatz mit dem Schatzhaus, das in den roten Sandstein gehauen wurde. Ein faszinierender Ort, der uns veranschaulicht, wie die Menschen vor zweitausend Jahren lebten und an dem die Archäologen noch längst nicht

alles ausgegraben haben. Immer wieder werden ganz neue Höhlen und Kammern entdeckt.

Ich erkundete die Teile der weitläufigen Ruinen, die für mich zugänglich waren, und rollte in eine der Höhlen. Da war zwar eine Absperrung davor, ich bin aber trotzdem rein. Weit und breit keine Menschenseele. Ich kam vom gleißenden Sonnenlicht in die stockdunkle Höhle, sah erst einmal gar nichts – und fiel in eine Ausgrabungsmulde.

Andreas folgt dem Mekong, der »Mutter aller Wasser«, vom hektischen Saigon über Tausende Kilometer durch fünf buddhistische Länder bis nach China.

Das war ein ausgeschachtetes Loch, in dem Archäologen irgendwas gesucht hatten, womöglich eine Grabkammer. Es war vielleicht ein- bis eineinhalb Meter tief. Mein Rollstuhl und ich lagen da, eine senkrechte Wand um uns herum. Damals gab es noch keine Mobiltelefone. Ich rief, aber niemand hörte mich. Umständlich nahm ich den Rollstuhl auseinander und legte die Räder und andere Einzelteile oben auf die Kante. Irgendwie gelang es mir, mich auf dem Bauch hinauf- und den Rollstuhl nachzuziehen. Ich schaffte es gerade so. Wäre die Wand dreißig Zentimeter höher gewesen, wäre ich da nicht rausgekommen und womöglich irgendwann verhungert.

Missgeschicke wie die in Indien und Jordanien ließen Andreas wachsam werden. Die wahren Kraftproben warteten aber noch auf ihn: an den Ufern der erwähnten drei großen Flüsse. Auf den Ganges folgte der Mekong. Andreas begann die Route an der Mündung in Vietnam und reiste über 5500 Kilometer weit, in Vietnam und Kambodscha vor allem mit dem Handbike, später, als in Laos die ersten Berge kamen, auch mit Bus, Boot und Tuk-Tuk. Die Hälfte der gesamten Strecke – alle Abschnitte, die nicht zu steil waren – legte er in Handarbeit zurück.

Eigentlich reise ich ja in den blauen Dunst hinein, aber im chinesischen Kunming musste ich einiges organisieren. So stellte ich ein Expeditionsteam zusammen, das mir helfen sollte, die Quelle zu erreichen. Weiter ging es mit einem Jeep. Die Fahrt führte auch ins autonome Grenzgebiet Tibets. Dort benötigt man eine Spezialgenehmigung und vor allem jemanden, der aufpasst, dass man nichts Unerlaubtes tut oder fotografiert. Mein Aufpasser war Mr. Hu, ein netter Mann, der gleichzeitig als Fahrer und Dolmetscher fungierte.

Wir fuhren bis auf 4500 Meter Höhe zum letzten Dorf vor der Mekongquelle. Hier sollte uns das Expeditionsteam erwarten: neun Träger und sieben Pferde, beladen mit Sauerstoff, Zelten, Lebensmitteln für eine Woche und dem ganzen Equipment.

Aber: Es war niemand da! Denn es gab, wie ich nun erfuhr, ein riesiges Problem: Es war Pilzsaison! Im tibetischen Hochland, und nur hier, gibt es den berühmten, wertvollen Raupenpilz, dem heilende Kräfte zugeschrieben werden. Es wird sogar behauptet, dass die Sportler bei den Olympischen Spielen in Peking nur deshalb so viele Goldmedaillen gewannen, weil sie vorher den Pilz gegessen hatten.

Ist die Zeit reif, stürzen sich alle ins tibetische Hochland, um diesen Pilz zu sammeln. Und es war genau die Zeit, zu der meine

Der mühevolle Weg zur Mekongquelle führt durch Schnee und Regen über das tibetische Hochland.

Expedition geplant war. Mein Team verdiente beim Pilzesammeln schlichtweg mehr, als wenn sie bei mir als Träger arbeiteten.

Es war nicht leicht, in diesem Dorf nun eine adäquate Gruppe von Leuten zusammenzukriegen, die den Job machen konnten und wollten. Nach einigen Tagen gelang es uns, auf einer Baustelle Männer abzuwerben, denen ich ein wenig mehr zahlte, als sie beim Straßenbau verdienten.

Endlich konnten wir aufbrechen. Bald gab es keine Wege mehr, keine Pfade, nichts. Das tibetische Hochland ist ziemlich flach, hier und da gibt es Erhebungen und schneebedeckte Berge. Aus einem dieser Massive entspringt der Mekong. Dort wollten wir hin.

Insgesamt waren wir sechs Tage unterwegs. Jeden einzelnen davon regnete oder schneite es, manchmal so heftig, dass ich mich daheim bei solchem Wetter nicht vor die Tür gewagt hätte. Der

Boden war feucht, zum Teil marschierten wir durch Hochmoor. Erst hatte ich geglaubt, ich könne mir vielleicht ein Pferd vor den Rollstuhl spannen und mich ziehen lassen. Aber das war blauäugig, es war einfach zu uneben. Die Träger nahmen kurzerhand den Rollstuhl unter mir auseinander: Sie hoben mich hoch, bauten die Räder ab, knoteten je eine dicke Eisenstange links und rechts am Rollstuhl fest und trugen mich zu viert auf dieser Art Sänfte. Jedenfalls solange sie konnten. Hin und wieder musste ich auch aufs Pferd umsteigen. Ich kann überhaupt nicht reiten, habe durch die Querschnittslähmung einen eingeschränkten Gleichgewichtssinn und kann mich auch nicht mit den Füßen in den Steigbügeln abstützen. Ich krallte mich am Sattel fest wie ein Sterbender, krumm und wackelig, sah aus wie ein angeschossener Cowboy. Gewiss kein toller Anblick. Aber es funktionierte.

»Grenzen sind relativ. Das habe ich gelernt.«
Andreas kurz vor der Quelle des Mekong.

Als ich oben war, überkam mich ein großes Glücksgefühl. Ein Bergsteiger, der einmal nach riesigen Strapazen und unter Lebensgefahr sein Ziel erreicht hat, weiß vielleicht, was ich meine. Ich fühlte eine große innere Zufriedenheit dort oben. Mir wurde bewusst, dass ich auf den ganzen 5500 Kilometern nach diesem Gefühl gesucht hatte. Und am Ende kam es dann. Es war unbeschreiblich.

Sowohl am Ganges als auch am Mekong war Andreas der erste Rollstuhlfahrer, dem es gelungen war, die Flüsse der Länge nach zu bereisen und ihre Quelle zu erreichen.

Andreas' vorerst letzte Flussreise führte ihn anschließend noch weiter: über sechstausend Kilometer durch China, den Jangtse entlang, den längsten Fluss des Landes, von Shanghai nach Tibet. Auch diese Reise hielt vielfältige Herausforderungen bereit: Die Enttäuschung, an der atemberaubenden Tigersprungschlucht keine Träger zu finden und auf diesen erhofften Höhepunkt des gesamten Trips verzichten zu müssen. Bürokratische Hürden, die es ihm immer wieder erschwerten, bis zur Quelle zu gelangen. Ein Hotel ohne Fahrstuhl, in dem die Angestellten ihn zwar bei seiner Anreise zu seinem Zimmer in die zweite Etage hinauftrugen, seine Rufe am folgenden Morgen, als er abreisen wollte, aber nicht hörten.

Im Ringen mit den kleinen Zumutungen, die alltäglich lauern, aber auch mit dem vermeintlich Unmöglichen, hat Andreas gelernt zu akzeptieren, dass er nie weiß, was morgen kommt.

Nach meinen Vorträgen sagen die Zuhörer häufig, dass sie so was nicht machen könnten, weil sie wissen wollten, wo sie abends ein Bett finden und etwas zu essen bekommen. Diese Unwägbarkeiten halten die Leute ab. Sie wollen wissen, was als Nächstes und Übernächstes passiert und dass sie heil nach Hause kommen. Das weiß ich nicht. Aber ich habe noch nie wirklich Hunger leiden müssen, bin noch nie verdurstet, habe immer irgendwo schlafen können. Klar, manchmal mit Kakerlaken. Gerade wegen dieser Unvorhersehbarkeiten ziehe ich aus meinen Reisen ein Gefühl immenser Freiheit und die Gewissheit, trotz der Querschnittslähmung Dinge tun zu können, die ich mir früher selbst nicht zugetraut hätte: Grenzen überschreiten. Freilich Grenzen, die nur für mich und andere Rollstuhlfahrer Grenzen sind. Für Fußgänger wäre manche meiner Unternehmungen ein einfacher Spaziergang gewesen, die für mich eine absolute Grenzüberschreitung bedeuteten. Grenzen sind relativ. Das habe ich gelernt. Und deshalb werde ich nie aufhören sie zu verschieben.

Erkenntnis

In die Ferne ziehen, um sich selbst zu finden? Ganz so einfach ist das häufig nicht, denn: Wer aufbricht, nimmt sich selbst mit – egal wohin. Und doch ermöglicht das Herauslösen aus dem Getriebe des Alltags einen Perspektivwechsel. Ungewissheit tritt an die Stelle von Selbstverständlichkeiten. Sich der Ungewissheit auszusetzen, schafft Raum, sich für neue Erfahrungen und Gedanken zu öffnen – und manchmal die Gelegenheit, eine neue Erkenntnis am Rand des Pfades einzusammeln, den wir uns selbst gebahnt haben.

Ein guter Reisender hat keinen festen Plan und ist nicht darauf aus, anzukommen.

Lao-Tzu

Stephan Meurisch
TIBET VOR DER HAUSTÜR FINDEN

◁ ◁ ◁ ◁ ◁ ◁ ◉ ▷ ▷ ▷ ▷ ▷ ▷

Stephan Meurisch: Die größte Herausforderung besteht darin, irgendwann das Planungsbuch zuzuklappen und physisch den ersten Schritt zu machen. Denn solange du nur am Tisch sitzt und deinen Freunden erzählst, dass du vorhast, ohne Geld nach Tibet aufzubrechen, halten dich alle für einen riesigen Spinner und Träumer. Du sitzt da, malst ein paar lustige Striche auf irgendwelche Karten und beschreibst, wo du langgehen wirst. Aber irgendwann musst du vom Tisch aufstehen, dich von Freunden, Freundin und Familie verabschieden und losgehen. Das war der schwerste Schritt.

Der Rucksack machte es nicht besser. Als ich das Dreißig-Kilo-Ungetüm an jenem Morgen aufsetzte, haute es mich fast um. Ich war ohnehin nicht in bester Verfassung. Am Tag zuvor war ich 31 geworden und wir haben es krachen lassen: Geburtstags- und Abschiedsfeier in einem. Die Party ging bis vier Uhr früh. Keine gute Idee. Nach zwei Stunden Schlaf packte ich rasch meinen Rucksack zu Ende und brach auf: zu einem Fußmarsch, der mich in zwei Jahren über rund dreizehntausend Kilometer von München bis nach Tibet führen sollte.

Das erste Mal rückte Tibet als Reiseziel im Jahr 2009 in Stephans Fokus, doch die Einreise war zu dieser Zeit nicht möglich. Als Reaktion auf die Free-Tibet-Kampagne, die im Zuge der Olympischen Spiele im Vorjahr besonders viel Aufmerksamkeit erhielt, hatte China einen Einreisestopp für Touristen verhängt. Das zweite Hindernis: Für eine solche Reise fehlte Stephan schlichtweg das Geld.

Vermutlich würden deshalb die meisten Menschen aufgeben – und die Reise bliebe ewig ein Traum. Aber dann habe ich eine dritte Sache festgestellt. Ich habe mir die Karte genauer angeschaut und bemerkt, dass ich die ganzen Länder zwischen Deutschland und

---

Schritt für Schritt dem fernen Ziel entgegen: »Solange du nur am Tisch sitzt und deinen Freunden erzählst, dass du vorhast, ohne Geld nach Tibet aufzubrechen, halten dich alle für einen riesigen Spinner und Träumer.«

Tibet ja auch noch nicht kenne. Und da ich so gern wandere, entstand über einen längeren Zeitraum hinweg die Idee: zu Fuß und ohne Geld nach Tibet!

Am Morgen meines Aufbruchs konnte ich nichts frühstücken. Ich war viel zu aufgeregt und hätte nichts runterbekommen. Aber nach zehn Minuten gehen fiel die Anspannung langsam ab. Mein Magen meldete sich mit einem lauten Knurren. Doch ich hatte tatsächlich keinerlei Geld dabei. Was jetzt? Ich ging in die erste Bäckerei und erzählte hastig und völlig überdreht, dass ich gerade vor zehn Minuten losgelaufen und jetzt ohne Geld auf dem Weg nach Tibet war. Die Bäckerin schaute mich verwundert an, drückte mir aber nach kurzem Zögern eine Butterbrezel in die Hand und sagte: »Guten Weg, und bis bald.«

Da stand ich nun, ohne Job und Geld, mit einem riesigen Rucksack auf dem Rücken und einer Butterbrezel in der Hand, und hatte auf einmal eine Heidenangst. Ich war mir plötzlich gar nicht mehr so sicher, ob mein Vorhaben realisierbar war. Ein unsichtbares Gewicht bildete sich: viele Sorgen und Ängste, die mich einige Zeit begleiten sollten.

Mein Ziel für den ersten Tag lag dreißig Kilometer entfernt – keine gute Idee mit dem schweren Rucksack. Mir tat alles weh. Mit letzter Kraft schleppte ich mich zum einzigen Gasthof im Zielort. Dort wiederholte sich die Geschichte. Als ich dem Wirt von meinem Vorhaben erzählte, sagte er: »Kein Problem. Du kannst heute Nacht hier schlafen. Wir essen gleich gemeinsam Abendbrot, morgen früh bekommst du ein schönes Frühstück, und wenn du magst, ziehst du dann weiter.« Mir fiel die Kinnlade runter. Ich fragte ihn, warum er all das für mich tat, und er erzählte mir aus seinem Leben. Er wäre auch gern gereist, konnte es aber nie, weil sein Vater recht früh starb und er den Gasthof übernehmen musste. Seitdem seien größere Reisen für ihn unmöglich gewesen. Er freute sich sehr, dass ich da war, weil er so als erste Station ein Teil meiner Reise wurde. Es hatte den ganzen Tag geregnet, ich hatte gezweifelt, war völlig abgekämpft, und ich glaube, hätte ich an diesem Abend im Zelt schlafen müssen, hätte ich vielleicht schon dort aufgegeben und wäre nach Hause zurückgekehrt. Es kam anders und dafür bin ich dem Wirt auf ewig dankbar. Genau wie einem Mann, den ich einige Tage später kurz vor Salzburg traf. Er sagte: »München, Tibet – Respekt! Was du da machst, ist großartig. Genieße die Reise!« Ich wünschte, ich wäre seinem Ratschlag früher gefolgt, denn es dauerte lange, bis ich die Reise genießen konnte. Eben, weil ich mein unsichtbares

Es gibt immer etwas zu feiern.
Hier: Ein kleines Jubiläum – Stephan ist seit 500 Tagen non-stop unterwegs.

Gepäck dabeihatte: Wie weit gehe ich heute? Wo schlafe ich? Was esse ich? Und wie schaffe ich die 18 Kilometer, die ich jeden einzelnen Tag zurücklegen muss, um in zwei Jahren mein Ziel zu erreichen? Ich marschierte weiter und weiter, eilte verbissen Kilometer für Kilometer meinem fernen Ziel entgegen, hielt an meinem Plan fest. An vielen schönen Momenten und Begegnungen lief ich vorbei, weil ich nach unten schaute und mich sorgte.

Aber die Einladungen hörten nicht auf. Die Menschen waren so gastfreundlich, luden mich immer wieder ein, mich auszuruhen und ein paar Tage zu bleiben. Irgendwann rang ich mich dazu durch, diese Einladungen anzunehmen und zu verstehen, dass ich diese Reise nur einmal machen würde. Und zwar für mich. Ich widerstand der Versuchung, an meiner eigenen Reise vorbeizurennen. Je länger ich unterwegs war, desto wichtiger wurde mir das Unterwegssein. Ich ließ langsam von meinem alten Plan ab, fiel langsam

in die Reise hinein, wollte gar nicht mehr ankommen. Dabei hatte ich jeden Tag kleine und große Probleme zu lösen. Diese Herausforderungen halfen mir, mein Gottvertrauen zu Selbstvertrauen werden zu lassen, denn ich begriff: Ich war die Person, die all das schaffte! Ich musste mir all meine Sorgen nicht machen!

In jedem neuen Land verstand ich aufs Neue nichts und musste den Menschen vertrauen, die mir begegneten. Oft führten sie mich im Dorf herum und stellten mich anderen Leuten vor, die ich dann auch wieder nicht verstand. Konnten wir uns doch verständigen, folgten unweigerlich die immer gleichen Dialoge:

»Wo kommst du her? Hast du dich verlaufen? Du willst doch bestimmt in die Stadt!«

»Nein, ich möchte genau hierhin.«

»Aber warum? Hier ist doch nichts!«

»Genau deswegen bin ich hier.«

Anfangs war ich oft skeptisch und ängstlich, aber ich wurde immer wieder so warmherzig aufgenommen, dass meine Furcht

---

Es dauert, bis Stephan verinnerlicht, dass er die Reise nicht genießen wird, wenn er verbissen dem Ziel entgegeneilt. Erst danach vermag er sich zufälligen Begegnungen wie mit dieser türkischen Ziegenhirtin zu öffnen.

bald verschwand. Ich hackte mit den Männern im Wald Brennholz fürs Kochfeuer, half den Frauen beim Abendessen, wurde Teil des Familienlebens, immer wieder. Das ist anders, als wenn du in einem Restaurant sitzt und dir etwas aus der Karte raussuchst. Das kann man auch in keinem Reisebüro buchen. Ich wollte ja gerade nicht mit Geld reisen und mich in irgendeinem Gästezimmer verbarrikadieren, sondern nah bei den Menschen sein, und das habe ich gefunden.

Was ich zurückgeben konnte, war meine Geschichte. Ich machte unterwegs viele Fotos und am Abend saß ich oft mit meinen Gastgebern zusammen, und dann blieb der Fernseher eben aus. Einmal saß ich in Anatolien in einem winzigen Dorf und zeigte meine Bilder. Eine Frau sagte: »Das hier ist doch Antalya!« Ich sagte: »Das kennst du ja gewiss. Ist ja nur 150 Kilometer entfernt.« Aber sie kannte es nicht, war noch nie dort gewesen. Die Familien sind mit ihrer Landwirtschaft beschäftigt und haben keine Zeit und kein Geld zum Reisen. So konnte ich ihr durch meine Bilder und Geschichten ihr eigenes Land ein wenig näherbringen.

Das Land, das Stephan am meisten beeindruckte, war Rumänien. Vor seiner Abreise fragte ihn seine Familie, durch welche Länder er ziehen würde. Als er Rumänien erwähnte, zuckten alle zusammen.

Sie meinten, ich sei wahnsinnig. Dort gäbe es wilde Hunde und Zigeuner. Garantiert würde ich dort ausgeraubt werden und nur mit Glück lebend wieder rauskommen. Solche Vorurteile, mal scherzhaft, mal ernsthafter, hörte ich immer wieder. Mit solch einer negativen Einstellung betrat ich das Land – und erlebte über vier Monate hinweg vom ersten bis zum letzten Tag das Gegenteil. Bis heute weiß ich nicht, wie die schlechte Meinung über Rumänien zustande kommt. Auch die Menschen, denen ich begegnete und die mich so offenherzig aufnahmen, konnten es mir nicht erklären. Sie sagten: »Keine Ahnung. Aber dein nächstes Land ist doch Bulgarien? Dort musst du aufpassen!«

So warnten mich die Rumänen vor den Bulgaren, die Bulgaren vor den Türken, und so weiter. Ich habe das so hingenommen und mir meine eigene Meinung gebildet.

Gegen Ende der Reise wurde Stephan immer langsamer, ging an manchen Tagen nur fünf oder sechs Kilometer bis zum nächsten Dorf.

Dann gab es einen Tee, wir saßen zusammen, dann gab es noch einen Tee, gefolgt vom Mittagessen und der Frage: »Wie weit willst du denn heute noch gehen?«

»Ich weiß es nicht.«

»Dann bleib doch hier!«

Und wenn sich das gut anfühlte und die Menschen nett waren, sagte ich ja, gern.

So kam es, dass Stephan Tibet nicht nach zwei, sondern nach vier Jahren Fußmarsch erreichte.

Mittlerweile war es wieder möglich, nach Tibet einzureisen, allerdings nur innerhalb einer Reisegruppe. Die besteht mindestens aus dir und einem Führer, der von der chinesischen Regierung gestellt wird und genau achtgibt, was du machst, wo du hingehst, mit wem

---

»In jedem neuen Land verstand ich aufs Neue nichts und musste den Menschen vertrauen, die mir begegneten«, so Stephan. Sich seinem eigenen Unwissen auszusetzen hilft ihm zu erkennen, dass viele Ängste grundlos sind.

du sprichst. Vier Jahre hatte ich mich frei bewegt und hatte nun dieses Kindermädchen neben mir. So nahm ich an einer einwöchigen Touristentour teil, ließ mir ein paar Klöster und ein paar schöne Landschaften zeigen und verließ dann Tibet wieder.

Hat Tibet ihn enttäuscht?

Wäre ich meinem ursprünglichen Plan gefolgt, so schnell wie möglich nach Tibet zu gelangen, hätte ich in dieser Zeit wohl so hohe Erwartungen aufgebaut, dass sie sich in Tibet nie hätten erfüllen können. Aber ich habe mir Zeit gelassen. Ich lernte unterwegs, dass mein Ziel nicht in einer Ankunft an einem fernen Ort bestand, sondern in den Begegnungen und Gedanken, die mich dorthin führten. Und dass ich nicht rennen musste, um an mein Ziel zu gelangen. Es reichte, wenn ich ging, dabei die Aussicht genoss und Spaß hatte.

Das Meistern immer neuer Herausforderungen lässt Stephans Gottvertrauen zu Selbstvertrauen werden – und seine Furcht vor Fremden und der Fremde schwinden.

Nach vier Jahren Fußmarsch ist Stephan am Ziel. Heute weiß er: Tibet kann auch vor der eigenen Haustür liegen. Aber: »Um das für sich selbst herauszufinden, muss man einmal aufgebrochen und einen Weg gegangen sein.«

So war Tibet für mich nicht länger ein Ziel, sondern eine geografische Richtung. Indem es mich inspiriert hatte, überhaupt loszulaufen, hatte es seine wichtigste Rolle für meine Reise erfüllt.

Zurück in Deutschland begann ein ganz neues Abenteuer. Ich kam an, wie ich vier Jahre zuvor aufgebrochen war: ohne Geld, nur mit meinem Rucksack. Und doch hatte sich viel verändert. Zum Beispiel meine Komfortzone. Ich wusste nun, wie ich unterwegs Geld verdienen konnte, wie ich meinen Weg fand, wie ich Bekanntschaften schloss. Jetzt hieß es: Wohnung suchen, Job finden, bei null anfangen. Diese Herausforderungen zu bewältigen, ist auch eine Reise!

Heute weiß ich: Selbst wenn ich nie in Tibet angekommen wäre – es wäre völlig egal gewesen. Das Aufbrechen ist das Wichtigste. Ich weiß, das klingt nach einem Kalenderspruch, aber es ist so wahr: Selbst wenn ihr euer Tibet, euer Ziel, nie erreicht, werden euch die Erfahrungen, die ihr unterwegs sammelt, auf ungeahnte Weise bereichern. Dabei muss man nicht die Welt bereisen, um ähnliche Erfahrungen zu machen und davon zu profitieren, die eigenen Träume zu verwirklichen. Euer Tibet kann auch vor der Haustür liegen.

Aber ich glaube, um das für sich selbst herauszufinden, muss man einmal aufgebrochen und einen Weg gegangen sein, wo er auch beginnen und wohin er führen mag.

Allein, aber nicht verloren: Stephan auf einer einsamen Landstraße irgendwo in der Lut-Wüste im persischen Hochland bei Yazd

Christine Thürmer
VOM GLÜCK DES WANDERNS

◁ ◁ ◁ ◁ ◁ ◁ ◉ ▷ ▷ ▷ ▷ ▷ ▷

Christine Thürmer führt ein Leben im Dreck. So antwortet sie jedenfalls auf die Frage danach, was viele Menschen über sie und ihre Fernwanderungen nicht wissen.

Christine Thürmer: In der Regel komme ich einmal in der Woche in die Zivilisation. Das heißt: sechs Tage in der Woche nicht duschen, nicht baden. Bin ich in der Wüste unterwegs, herrscht ohnehin Wassermangel. Dann kann ich auch keine Klamotten waschen und wechseln. Ich laufe eine Woche lang in denselben Sachen herum und mache alles am Erdboden. Ich koche am Erdboden, ich esse am Erdboden, ich schlafe am Erdboden. Irgendwann ist alles von einer dicken Staubschicht überzogen, die vor Schweiß, Körperfett und Sonnencreme glänzt. Ich rieche entsprechend herb und sehe auch so aus. Das über Monate durchzuhalten, ist eine psychologische Herausforderung.

Ungeachtet dieser Entbehrungen, oder gerade wegen ihnen, drängt es Christine immer wieder hinaus. Hinaus in die Weite. Meist zu Fuß. Mit einem winzigen Rucksack und einem Ultraleichtzelt auf dem Rücken – und nicht selten Tausenden von Kilometern vor und hinter sich. Nach ihrem Studium machte sie zunächst als Managerin Karriere, bis ihr gekündigt wurde. Sie beschloss die Kündigung als Gelegenheit für eine Auszeit zu nutzen und wandern zu gehen, obwohl sie wenig prädestiniert dafür zu sein schien.

Als Kind hasste ich Wandern. Davon abgesehen war ich schon immer vollkommen unsportlich und bin es immer noch. Schwindelfrei bin ich schon gar nicht. Eine Journalistin hat sich mal zu einer acht Kilometer langen Wanderung im Berliner Umland mit mir verabredet. Anschließend durfte ich in ihrer Zeitung dann lesen: »Christine Thürmer sieht aus wie eine Frau, der man mehr

---

Als Kind hasste es Christine Thürmer zu wandern. Heute ist sie die meistgewanderte Frau der Welt.

als acht Kilometer auch gar nicht zutrauen würde. Keine sportliche Figur, eher Typ gemütlich.« Das hat sie gut getroffen.

Im Wanderurlaub im amerikanischen Yosemite-Nationalpark begegnete sie ihren ersten Langstreckenwanderern – und war beeindruckt.

Ich war mit meinem schweren Zelt und in Ferienstimmung unterwegs, das heißt: Um vier Uhr nachmittags machte ich Feierabend und baute das Zelt auf, am nächsten Morgen ging ich ganz entspannt gegen zehn Uhr los. Ganz anders diese abgeranzten, verdreckten Gestalten. Sie kamen erst kurz vor Sonnenuntergang an und waren am nächsten Morgen gleich wieder weg. Sie sahen skurril aus, ganz anders, als ich mir Wanderer vorgestellt hatte. Als ich einige von ihnen fragte, was sie hier eigentlich trieben, sagten sie: »Wir laufen von Mexiko nach Kanada!«
Ich betrachtete sie genauer. Ja tatsächlich, sie sahen ziemlich heruntergekommen aus, aber nicht extrem sportlich. Eher normal. Und ich dachte, wie bei vielen Dingen in meinem Leben: Wenn die das können, kann ich das auch. Diese Haltung, diese Freiheit, dieser Lebensstil, das hat mich total fasziniert.

Aus der einmaligen wurde eine lebenslange Wanderung in Vollzeit. In den folgenden Jahren bewältigte Christine die drei großen amerikanischen Fernwanderwege: den Pacific Crest Trail (rund 4300 km), den Continental Divide Trail (ungefähr 5000 km) und den Appalachian Trail (zirka 3500 km). Dafür erhielt sie die Auszeichnung Triple Crown – eine einfache Holzplakette. »Für dieses Billigteil habe ich anderthalb Jahre meines Lebens aufgewendet?«, fragte Christine sich selbst und hielt die Plakette zugleich in Ehren, denn sie symbolisierte, was sie, der ehemalige Couch-Potato, zu leisten imstande war. Doch all das war erst der Anfang. Christine brach zur nächsten Wanderung nach Australien auf, später durchlief sie als erster Mensch Europa von Nord nach Süd und von Ost nach West. Heute gilt sie als die meistgewanderte Frau der Welt.

Der wichtigste Faktor, um eine Wanderung erfolgreich abschließen zu können, ist das Rucksackgewicht. Unterwegs ist weniger mehr. Du brauchst die entsprechende Radikalität, um dich brutal zu reduzieren. Das ist der Faktor, den du am einfachsten beeinflussen kannst und der entscheidend ist. Ein zweiter Faktor ist die Einstellung: Viele, die aus dem Arbeitsleben kommen und das erste Mal zu einer Wanderung aufbrechen, tun das mit dem Mindset, sich jetzt

mal richtig was zu gönnen. Einen langen Urlaub, ein Erlebnis, wie sie es sich schon immer gewünscht haben. Das ist genau die falsche Einstellung. Mit ihr wird man scheitern. Denn auf einer Langstreckenwanderung lautet die Frage nicht, ob, sondern wann etwas schiefgeht. Irgendwas passiert immer. Das Essen wird knapp, die Luftmatratze geht kaputt, das Wetter schlägt um. Wenn es beispielsweise zwei Wochen regnet und du hast diese Urlauberhaltung, wird dich das vollkommen frustrieren. Ich rate immer: Leute, seht eine solche Wanderung wie euren Job. Da erwartet ihr ja auch nicht, dass jeder Tag toll ist. Es wird immer auch mal Durststrecken geben. So ist es bei einer Wanderung auch. Für mich ist mein Wanderleben meine neue Arbeit. Aber es ist auch ein Job, den ich für nichts in der Welt gegen irgendetwas eintauschen würde.

Mittlerweile lebt Christine den Großteil des Jahres mit sechs Kilo Gepäck draußen in ihrem Zelt und läuft und läuft und läuft – keinem Glück hinterher, sondern Hand in Hand mit ihm. Sie findet es in der Reduktion, in der Einfachheit, denn genau wie bei ihrem Rucksackgewicht gilt für Christine auch grundsätzlich: Weniger ist mehr.

So hatte sie es schon auf dem Pacific Crest Trail erlebt. Nach anderthalb Monaten Marsch erreichte sie die Sierra Nevada, ein Hochgebirge in Kalifornien.

Wann immer sie nicht gerade an einem neuen Buch arbeitet, ist Christine nahezu unentwegt mit ihrer ultraleichten Ausrüstung unterwegs und lebt im Zelt.

Dort gibt es einen Abschnitt, in dem man neun Tage durch die Wildnis laufen muss, ohne neuen Proviant besorgen zu können. Vorräte für neun Tage plus Bärenkanister, in dem sie nachts verstaut werden, um sie vor Schwarzbären zu schützen: Ich habe mich anfangs totgeschleppt und ernährte mich fast ausschließlich von Müsli mit kaltem Wasser und Tütensuppen. Am Ende dieses Abschnitts dachte ich nur noch ans Essen. Ich hatte noch einen Tag vor mir und noch 27 M & M's. Ich habe sie abgezählt, rationiert, nach Farben sortiert und immer wieder überlegt, wie viele ich pro Stunde essen darf. Ich war besessen von Essen. Mein Verstand wusste zwar, es würde reichen, aber mein Bauch war anderer Ansicht. In dieser Situation begegnete ich einem amerikanischen Pärchen, Wochenendwanderern. Wir kamen ins Gespräch. Die beiden waren begeistert von meinem Projekt. Als wir uns dann nach einer halben Stunde verabschiedeten, drehte sich die Frau

---

Rastend restlos glücklich: Ob in der Hütte oder unter freiem Himmel ...

... Christine hat durch die Bereitschaft, auf Komfort zu verzichten, gelernt, was echtes Glück bedeutet.

noch einmal um und sagte: »Heute Abend erreichen wir unser Auto und fahren zurück in die Zivilisation – wir hätten noch etwas Proviant übrig. Möchtest du einen Schokoriegel haben?« Ich dachte, es sei Weihnachten und Ostern zusammen! Sie drückten mir diesen Schokoriegel in die Hand und ich riss die Verpackung auf, biss rein und hatte einen unglaublichen Glücksflash. Mit diesem Glücksflash hatte ich gleichzeitig auch eine Erkenntnis. Mir dämmerte: Wenn die beiden mir jetzt hundert Dollar geschenkt hätten, hätte ich mich nicht mal ansatzweise so sehr gefreut wie über diesen Schokoriegel. Auch ganz grundsätzlich stellte ich fest, dass ich mich schon lange nicht mehr so riesig über irgendwas gefreut hatte. Ich dachte an die Glücksmomente in meinem alten Leben zurück. Ich war ja früher auch nicht unglücklich gewesen, aber diese Glücksmomente bezogen sich eher auf Dinge wie eine Gehaltserhöhung. Der Chef sagt, du kriegst eine Gehaltserhöhung, dann musst du einen Monat warten, dann kommt irgendwann das Geld auf dem Konto an und davon kannst du dir irgendwas kaufen, was dich vielleicht glücklich macht. Klar freut man sich da, aber das ist eine indirekte und sehr unkörperliche Freude. Und jetzt, auf dem Trail, plötzlich: Schokoriegel – aufreißen – reinbeißen – glücklich sein. Besser geht's nicht! Das war die Erkenntnis, die Senkung der Glücksschwelle. Man reduziert sich ja beim Wandern auf das absolute Minimum. Auf diesen winzigen Rucksack, in dem alles drin ist, was man zum Leben braucht. Und wenn es dann ein bisschen Luxus gibt, wie diesen Schokoriegel oder eine Dusche nach einer Woche Wüste, ist das ein unglaublicher Glücksflash. Wenn ich den ersten Sonnenstrahl des Tages auf der Haut spüre oder an einem heißen Tag einen See erreiche, alle Klamotten von mir werfe und nackt hineinspringe, dann ist das gigantisch! Dein Körper wird zu einem Instrument der Freude. Mich kann man schon glücklich machen, indem man mich mal auf einer Matratze schlafen lässt. Jahre später hatte ich ein ähnliches Erlebnis. Damals war ich im Winter unterwegs, auch in den USA. Es war Neujahrstag und regnete ganz furchtbar, als ich plötzlich ein US-Forest-Service-Plumpsklo sah. Ich war so glücklich! Ich übernachtete darin und dachte: Christine, wie tief bist du gesunken, dass du es als Geschenk Gottes siehst, wenn du in einem Plumpsklo schlafen darfst? So sinken die Ansprüche.

Dabei hat Christine schon immer einen minimalistischen Lebensstil gepflegt. Selbst während sie als gut bezahlte Managerin Karriere machte, besaß sie nie ein Bett oder einen Schrank. Sie schlief auf einer Matratze, die auf dem Boden lag, und lebte aus Kisten. Geld auszugeben war ihr zuwider, den Dresscode im Büro inklusive Make-up empfand sie als Verkleidung. Was ihre Mitmenschen damals als Skurrilität eingestuft haben mögen, hilft ihr in ihrem jetzigen Leben. Die Bereitschaft, auf Komfort zu verzichten, erleichtert es ihr nicht nur, Mühen und Widrigkeiten stoisch zu ertragen, sondern bereitet auch den Boden für viele wertvolle Erfahrungen.

Ich höre oft: »Ja, ich würde gern ein Abenteuer erleben, aber bitte mit ein bisschen Luxus.« Das ist ein Widerspruch. Je weniger Geld, desto mehr Abenteuer. So einfach kann man das sagen. Auch wenn ich mir das leisten könnte, ich will gar nicht komfortabel von Hotel zu Hotel wandern. Die spannenden Sachen erlebst du, wenn du dich deiner Umgebung aussetzt und dich nicht hinter Hotelwänden versteckst. Das gilt auch für Begegnungen. Wenn du jemanden triffst, ordnet er oder sie dich ja automatisch irgendeiner Klasse zu und vermutet anhand deiner Kleidung und vielleicht deiner Sprechweise, ob du beispielsweise Akademiker bist oder Fabrikarbeiter. Aber weil ich in einfachen Outdoor-Klamotten und mit einem kleinen Zelt unterwegs bin, fällt diese Zuordnung total schwer. So biete ich den Leuten eine riesige Projektionsfläche. Jeder sieht in mir das, was seiner oder ihrer Lebensrealität entspricht. Als ich etwa durch Spanien lief, sah jeder Erntehelfer und jedes Zimmermädchen in mir eine arme Frau, die mit wenig Geld durch die Gegend läuft. Sie gaben mir Tipps, wo billige Supermärkte zu finden sind, steckten mir Proviant zu, betrachteten mich als eine von ihnen. Als ich wenig später in Schweden auf einem Campingplatz war, kam ein gutsituierter Herr auf mich zu, der seine Hunde Gassi führte, und fing ein Gespräch an. Er war Unternehmensberater. Ich erzählte ihm von meinem früheren Leben als Unternehmenssaniererin. Nach zehn Minuten gab er mir den Schlüssel zu seinem Sommerhaus. Er sah bei mir denselben beruflichen Hintergrund, den er auch hatte, aber er sah auch jemanden, der den Mut gehabt hatte, auszusteigen. Wobei ich lieber vom Umsteigen spreche, denn als Aussteigerin habe ich mich nie gesehen. Mir hat auch mein früheres Leben Spaß gemacht. Sie alle projizierten das in mich hinein, was sie sehen wollten. Das ist großartig, denn dadurch lernt man unterschiedliche Menschen kennen – eine riesige Bereicherung!

Den dafür notwendigen Mut aufzubringen, fällt vielen Menschen allerdings schwer. Dabei geht es nicht nur um den Mut, aus- oder umzusteigen. Sondern es geht um den Mut, aufzubrechen.

Durch zahlreiche E-Mails, die ich bekomme, stelle ich fest, dass insbesondere viele Frauen gern etwas Ähnliches machen würden. Aber sie trauen sich nicht. Sie haben Angst, denken, sie seien nicht athletisch genug oder zu alt. Ihnen möchte ich durch mein Beispiel zeigen: Leute, guckt mich an! Ich bin mit Mitte dreißig gestartet, mit mindestens zehn Kilo Übergewicht, völlig untrainiert und unsportlich. Ich hatte kein Fitnessstudio von innen gesehen und nie eine längere Wanderung gemacht. Aber mit der richtigen Vorbereitung und der entsprechenden Konsequenz hat es wunderbar funktioniert. Fit wird man unterwegs. Nicht die Trainierten kommen an, sondern diejenigen mit dem richtigen Durchhaltevermögen im Kopf. Drum lasst euch nicht einreden, dass ihr das nicht könnt. Traut euch einfach, macht einfach!

Nadine Pungs
WENN MAN DEN KOPF AUS DEN WOLKEN ZIEHT

◁ ◁ ◁ ◁ ◁ ◁ ⊙ ▷ ▷ ▷ ▷ ▷ ▷

Nadine Pungs: Iran und Persien: zwei Wörter, die das Gleiche bedeuten, aber gegensätzliche Assoziationen hervorrufen. Hören wir Persien, denken wir an verwunschene Gärten, an Bazare und Orangenblüten. Geht es um den Iran, denken wir an Mullahs mit Zottelbärten. Im Iran fliegen die Atomraketen, in Persien die Teppiche. Das eine scheint eine finstere Mullah-Hegemonie zu sein, das andere ist voller Morgenlandnostalgie. Angesichts dieser Extreme dachte ich: Es muss doch etwas dazwischen geben! Das kann doch nicht alles sein! Und ich fragte mich, wie dieses Land, über das wir so wenig wissen, wohl tatsächlich daherkommen mag.

In einer Welt, in der Meinungen mehr zählen als Fakten, ist es unerlässlich, sich selbst auf den Weg zu machen und nachzusehen. Deshalb brach ich auf: um herauszufinden, wie der Iran abseits unserer westlichen Klischees wirklich tickt.

Nadine Pungs wusste, es würde eine Reise werden, auf der sie sich ihren eigenen Vorurteilen und Ängsten stellen musste. Hat es Mut erfordert, alleine in den Iran zu reisen?

Ich bin nicht mutig. Ich bin keine unerschrockene Abenteurerin. Ich habe jedes Mal Angst, wenn ich aufbreche, egal ob in den Iran oder nach Österreich, denn Reisen ist Leben in komprimierter Form. Reisen erschüttert, es kann schrecklich langweilen, dir Grenzen aufzeigen, dich ekeln – all das und mehr. Du wirst in eine ungewohnte Umgebung geworfen und musst schauen, wie du zurechtkommst. Das verlangt eine innere Überwindung. Und klar, manche Menschen bezeichnen das als Mut. Ich finde jedoch, dass der Begriff hier nicht stimmig ist. Mutig war eine Gertrude Bell, eine Mary Kingsley oder ein Wilfred Thesiger. Ich habe es dagegen leicht, alles ist schon entdeckt und durchpflügt.

»Ich habe jedes Mal Angst, wenn ich aufbreche.«
Nadine Pungs, hier vor der farbenprächtigen Fassade einer Moschee in Shiraz, wollte herausfinden, wie der Iran wirklich tickt.

Was den Iran betrifft, so birgt eine Reise dorthin natürlich andere Herausforderungen als eine Reise nach Österreich. Auch deshalb hatte ich Muffensausen. Im Iran verstehe ich die Sprache nicht, die fremden Schriftzeichen, dann sind da dieser höllische Straßenverkehr, die Brutalität und die Ideologie des Regimes. Wenn, wie im Iran, der Glaube die Gesetze bestimmt, löst das Unbehagen aus. Aber mein Unbehagen wäre nicht geringer, erhielte das Christentum bei uns wieder mehr Rechte, denn überall, wo Religion politisch mitmischt, wird es, na ja, schwierig, um es vorsichtig auszudrücken.

Abseits der politischen Realität geistern in unseren Köpfen seit Jahrzehnten zig Vorurteile über den Iran herum. Ende der Achtzigerjahre erschien zum Beispiel das unsägliche Buch *Nicht ohne meine Tochter*, in dem eine amerikanische Vorstadtmutti ihren latenten Rassismus ausgelebt hat. Ihr Geschreibsel sollte das Image aller Iraner nachhaltig beschädigen. Wir erinnern uns: Betty Mahmoody musste mit ihrer Tochter vor ihrem Mann aus dem Iran fliehen. So furchtbar ihr Erlebnis war, so ist die Story doch letztendlich ein Schicksalsschinken, eine Familiengeschichte, die uns nichts angeht. Betty schreibt aber auch, Iraner seien dreckig und hässlich, die Wohnungen voll mit Kakerlaken, und Kinder pinkelten auf Perserteppiche. Absoluter Bullshit! Reinste Diffamierung! Auch die Verfilmung ist höchst tendenziös. Wann immer der Muezzin ruft, wird dem Zuschauer damit ein unterschwelliges Gefühl der Bedrohung suggeriert, nicht greifbar, aber doch da, so milchig wie die Dunstwolken über Teheran. Oder nehmen wir die US-Serie *Homeland*, die ich selbst gern geschaut habe, die aber leider auch das Klischee des »bösen Iraners«, des »bösen Muselmannes«, pflegt. Diese Bilder setzen sich fest im Gehirn, prägen unsere Vorstellungen vom Iran, vom Orient – auch meine. Da kommt man nicht raus, wenn man nicht reist. Deshalb brach ich auf. Aufklärung statt Aufregung. Dennoch trug ich viele Fragen und Ängste in mir, als ich in Teheran landete. Ja, es war tatsächlich Angst, so lächerlich und dumm das heute klingen mag.

Doch es war keine lähmende Angst. Daheim hatte Nadine zur Vorbereitung der Reise einen Farsi-Sprachkurs belegt und ihrem Sprachlehrer, einem Iraner, erzählt, sie wolle nach Qom, der nach Mashhad zweitheiligsten Stadt des Landes. In Qom hatten sowohl Revolutionsführer Ayatollah Khomeini als auch Präsident Rohani studiert.

Der Sprachlehrer reagierte entsetzt: »Was willst du in Qom? Da lebt das Böse! Geh da nicht hin!«

Und allein deswegen musste ich natürlich hin. Ich fuhr zum Schrein der Fatima Masuma, den ich auch als Nicht-Muslimin besichtigen durfte. Ein netter Mullah mit Turban empfing mich. Ich selbst musste den Tschador tragen, jenen Gebetsschleier, der bis auf das Gesicht den ganzen Körper verhüllt und übersetzt bezeichnenderweise »Zelt« bedeutet. Der Gelehrte führte mich in perfektem Englisch durch den Schrein. Wir unterhielten uns über die Schia und das Sunnitentum und auch über Daesh, den sogenannten Islamischen Staat, der zu diesem Zeitpunkt in Syrien und Irak wütete. Das Gespräch war sehr spannend, denn ich bin streng ungläubig, und so war es für mich eine besondere Herausforderung, nicht nur durch diese heilige Stadt zu reisen, sondern letztendlich ja durch eine Theokratie. Auf einem Foto, das mein Taxifahrer von dem Gelehrten und mir knipste, sieht man mir an, dass ich mich nicht sehr wohl fühlte. Das lag nicht am Mullah, sondern an der Gesamtsituation, an meinem Unglauben. Es lag auch am Tschador, über den ich ständig stolperte. Und mich schreckte meine selbst gestellte Aufgabe,

Fremde Sprache, fremde Schriftzeichen, höllischer Straßenverkehr und ein brutales Regime: In Nadine ringen Unbehagen mit Neugierde und dem Wunsch, die eigene Naivität zu überwinden.

über dieses widersprüchliche Land zu berichten: die Politik, die Religion, die Architektur, die Kopftücher, Hunderte Themen, die polarisieren, dann die jahrtausendealte persische Geschichte. Ich saß vor diesem Berg und dachte: Herrje, ich kann das nicht! Alle daheim werden den Kopf schütteln und denken: Was will die blonde Tussi im Iran?

Ich musste mich erst beruhigen. Und letztlich ist es ja so: Ich bin eine westliche Frau, die sich umgeschaut hat, nichts weiter, und ich sehe den Iran unweigerlich durch meine europäische Brille. Man kann seinen eigenen soziokulturellen Hintergrund nicht so einfach abstreifen. Wer von sich behauptet, wertfrei durchs Leben zu gehen, ist ein selbstgerechter Idiot. Wenn man das einmal begriffen hat, ist schon viel gewonnen. Mein Anspruch war also nicht, die iranische Seele zu verstehen. Das ist unmöglich, denn ich bin ja keine Iranerin. Außerdem ist der Iran ein Kaleidoskop, ein Mosaik mit feinen Rissen, und davon offenbarten sich mir immer wieder neue. Zum Beispiel, als mir ein Iraner sagte: »Besser wir sind Sklaven unserer

Der freundliche Gelehrte: mit einem Mullah unterwegs in Qom – einer heiligen Stadt in einer Theokratie

eigenen Regierung als Sklaven einer anderen Regierung.« Das waren für mich ganz neue Gedanken. Mein Großvater kam aus der DDR und er hat mir noch erzählt, wie gefangen er sich damals fühlte. Er machte sich aus dem Staub. Ich hingegen wurde in eine Komfortzone hineingeboren. Für mich ist Freiheit selbstverständlich, fast schon ein Konsumgut. Sätze wie der des Iraners schockierten mich, denn mit der Wahl, wessen Sklave er sein wolle, nimmt er ja bereits in Kauf, Sklave zu sein. Er ist daran gewöhnt, unterdrückt zu leben.

Zugleich kann ich seinen Satz nachvollziehen, denn die Iraner sehen ja, was um sie herum geschieht. Der Nahe und Mittlere Osten zerfällt – denken wir an Syrien, den Irak oder Afghanistan. Der Iran ist im Vergleich dazu seit Jahrzehnten stabil.

Wie schwer es Nadine fiel, die europäische Brille abzulegen, wurde immer wieder spürbar: wenn es darum ging, individuelles Verhalten einzuordnen, aber auch gesellschaftliche Vorgänge zu bewerten, wie den Umgang vieler jüngerer Frauen mit dem Kopftuchzwang – seit Jahren ist zu beobachten, dass hin und wieder die eine oder andere Haarsträhne hervorblitzt, dass die Tücher nach hinten rutschen, manchmal gar nur noch im Nacken hängen.

Im Westen freuen wir uns darüber, weil wir glauben, es stünde eine Rebellion bevor, ja, womöglich eine Revolution, durch die sich plötzlich das repressive Regime in eine Demokratie wandeln würde. Wir deuten, oft vorschnell, die verrutschten Kopftücher als aufkeimenden Individualismus, als Widerstand. Gewiss, es gibt Aktionen, in denen Frauen sich in sozialen Netzwerken verbinden und Fotos posten, auf denen sie ihre Schleier lüften. Zum Beispiel *White Wednesday* oder *My Stealthy Freedom*. Die hintergleitenden Kopftücher können also einen Wunsch nach Freiheit ausdrücken, müssen es aber nicht. Dabei stellt sich nämlich die zentrale Frage: Was bedeutet Freiheit? Wovon sprechen wir eigentlich? Ist es nur der Kopftuchzwang, der weg soll, oder geht es auch um den Wunsch nach Meinungsfreiheit, Versammlungsfreiheit, Freiheit der Künste, Pressefreiheit, Freiheit der Wissenschaft? Das alles kann ein verrutschtes Kopftuch mitteilen, aber es kann ebenso gut nur das Modebewusstsein der Trägerin betonen. Oder nichts von alledem. Wer soll das wissen? Und deshalb empfinde ich unseren regelmäßigen Abgesang auf das Regime häufig als naiv, genährt von der irrigen Vorstellung, die Muslime im Nahen Osten mögen, provokant formuliert, doch endlich genauso »modern« werden wie wir, auf die gleiche Weise, mit denselben abendländischen Werten. Das ist himmelschreiend arrogant von uns. Wir spielen uns als Hort westlicher Tugenden auf, beliefern zeitgleich Diktaturen mit Waffen und lassen Flüchtlinge im Mittelmeer absaufen. Was für eine Doppelmoral! Und vertritt der orangefarbene Präsidentendarsteller Donald Trump etwa irgendwelche Werte? Also bitte!

Wir sollten uns stattdessen lieber aus den Ländern anderer Leute heraushalten, finde ich. Die Iraner müssen selbst entscheiden, welche Regierungsform sie wünschen. Das sollten ihre nächsten Generationen bestimmen, nicht wir.

Natürlich war es trotzdem nicht leicht für mich, wenn ich im Iran beispielsweise mit der Geschlechterapartheid konfrontiert wurde. Mein Unwohlsein hierüber kann ich nicht leugnen. Da spürte auch ich den Hass auf diese Despotie in mir aufsteigen. Etwa in den Stadtbussen, in denen eine Plexiglaswand in der Mitte Männer und Frauen voneinander trennt. Oder wenn mein Blick auf eines der Propagandaplakate fiel. In Kashan besuchte ich einen Hamam, ein historisches Badehaus, und ich sah einen großen Aufsteller, der eine Dame abbildete, anständig verhängt, lächelnd. Der Text unter dem Bild erklärte in Farsi und auf Englisch, dass die Verschleierung für die Frau doch wie die Muschel für die Perle sei. Sprich, die erzwungene Verhüllung soll gefälligst als Glück verstanden werden, weil sie die Frauen ja schütze – weil sie eben nicht Zwang sei, sondern Segen. Welch ein Schlag ins Gesicht all derjenigen Frauen, die unter ebendiesem Zwang leiden! Als ich das sah, fühlte ich mich ebenfalls angesprochen, weil ich ja auch verschleiert sein musste – und nicht wollte. Ich bin für Wahlfreiheit. Wenn eine Frau sich verhüllen möchte, ist das ihr gutes Recht. Sie darf, kann und soll das tun, was sie glücklich macht! Unbedingt! Freiheit eben. Aber ich verurteile den Zwang.

Dabei, mit jenem aufwallenden Hass umzugehen, half Nadine, dass sie sich nicht auf das Betrachten solcher Plakate beschränkte, sondern die Begegnung suchte, flüchtige Bekanntschaften ebenso machte, wie sie neue Freunde gewann.

Auf einer Taxifahrt saß ich neben einer Tschadorträgerin. Das war am ersten oder zweiten Tag in Teheran. Der Tschador ist nur in den

---

Der Schrein der Fatima Masuma in Qom umfasst einen mehr als 25 000 Quadratmeter großen Gebäudekomplex und ist der zweitwichtigste schiitische Wallfahrtsort im Iran.

Schreinen Vorschrift, nicht aber im Alltag. Und da mir jede Religion unheimlich ist, war mir auch die Frau unheimlich, eingewickelt in dieser dunklen Flut, dieser Mauer aus Stoff. Die Frau lächelte aber nett, und ich lächelte zurück.

Als der Taxifahrer während der Fahrt versuchte, mich über den Tisch zu ziehen, protestierte die Frau: Der Preis sei zu hoch. Sie schimpfte auf Persisch mit ihm, aber er wollte nicht hören. Schließlich befahl sie ihm anzuhalten, stieg aus, nahm mich an der Hand und führte mich durch den infernalen Straßenverkehr an einen Taxistand. Dort verhandelte sie mit zehn Männern, bis mich einer schließlich für die Hälfte mitnahm. Ich begriff, dass nicht sie die hilflose, unterjochte Frau war, wie ich fälschlicherweise glaubte. Ich war die Hilflose, ich hatte die Vorurteile und Klischees im Kopf. Sie hingegen behandelte mich – die Exotin – mit absoluter Unvoreingenommenheit. Ich erfuhr nie, wohin sie wollte und ob sie meinetwegen einen Termin verpasst hatte.

Das war ein sehr berührender Moment für mich. Ich werde ihn niemals vergessen. Denn er lehrte mich, iranische Frauen nicht auf ihre Verschleierung zu reduzieren und sie nicht fremder zu machen als sie sind.

Eine andere prägende Begegnung war die mit Kourosh, einem Freund von Freunden, bei dem sie in Shiraz unterkam.

Shiraz ist die Stadt der Poesie und Nachtigallen. Der berühmte persische Dichter Hafis wurde dort geboren. All dieser orientalische Zauber, um es etwas kitschig zu formulieren, lag in der Luft, als Kourosh mich vom Bahnhof abholte. Wir haben uns von Anfang an gut verstanden. Ich liebte es, in sein schönes Gesicht zu blicken, in diese tiefbraunen Augen, und ich habe mich natürlich verknallt. Wir entwickelten zarte Gefühle füreinander. Aber sie auszuleben ist im Iran offiziell verboten, das bleibt ausschließlich verheirateten Paaren vorbehalten.

Kourosh lebt mit seiner Familie westlich, soll heißen, sie schauen westliche Medien, sind säkular, trinken gerne mal einen Wein und befolgen privat keine Kleidungsvorschriften. Trotzdem liebt Kourosh den Iran. Wie so viele Iraner glaubt auch er, dass das Regime zwar totalitär agiere, aber gleichzeitig ein Garant für Unabhängigkeit und Sicherheit vor ausländischen Invasoren sei. Und die daraus resultierende Stabilität sei wichtiger als Freiheit nach westlichem Ideal. Solche Aussagen erschütterten mein Weltbild. Aber durch

Sichtweisen wie diese bin ich nach meiner Iranreise viel politischer geworden und engagiere mich seitdem in humanistischen Vereinen und Menschenrechtsgruppen. Ich dachte mehr über Themen wie Feminismus und Demokratie nach und gelangte zu neuen Einsichten. Über die Frage, inwiefern das System im Iran ein Garant für Sicherheit ist, habe ich mit Kourosh viel und heftig diskutiert und tue es gelegentlich immer noch. Doch ich verstehe jetzt besser, wie er und viele andere Iraner denken, auch wenn ich nicht immer ihrer Meinung bin. Letztendlich kann ich es aber nicht wissen, denn ich lebe nicht im Iran.

Hat Nadine am Ende ihrer Reise, nach all den Widersprüchen, die sie erlebt hat, das Gefühl, irgendetwas über den Iran wirklich verstanden zu haben?

Ja – und nein. Ich habe erkannt, dass meine abstrakte Angst, die ich noch bei der Landung in Teheran verspürte, unnötig, ja albern, war. Als ich durch den Iran reiste, hatte niemand vor Aufregung Schnappatmung, auch nicht kurz vor der irakischen Grenze. Es war friedlich und heiß und siebzig Kilometer weiter, im Irak, war es ebenso friedlich und heiß. Das Reisen holt deinen Kopf aus den Wolken und bringt dich auf den Boden zurück. Es ist alles nicht so grausig, wie dir Unkenrufer zu Hause weismachen wollen. Natürlich spreche ich nicht von Kriegsgebieten, aber wenn man einfach durch ein Land reist – und der Iran ist ein sehr sicheres Reiseland –, spürt man deutlich, dass Ängste tatsächlich fehl am Platz sind. Denn die Menschen dort kümmern sich, lächeln, sind unfassbar liebenswürdig, schenken dem Reisenden ihr Herz, fühlen sich für sein Wohl verantwortlich. Wie überall im Orient. Das habe ich aber nur erfahren, weil ich dorthin gereist bin. Reisen kann als Korrektiv dienen.

Was bedeutet all das am Ende für mich? Nun ja, ich suche unterwegs nach keiner großen, inneren Erkenntnis, strebe keine Erleuchtung an. Gehen, um zu bleiben? Ankommen, um sich selbst zu finden? Das halte ich für Unfug. Das interessiert mich nicht.

Ich habe stattdessen gelernt, was Freiheit bedeuten kann. Denn wenn man durch autoritäre Systeme reist, stellt man sich unweigerlich die Frage: Was bedeutet mir meine Freiheit? Was bedeuten mir meine Rechte als Frau? Was bedeutet Gleichwertigkeit? Was bedeutet es denn tatsächlich, unterdrückt zu werden?

Die Frauen, die im Iran auf die Straße gehen, ihr Kopftuch ablegen und sich verhaften lassen, sind für mich Heldinnen. Aber auch wir müssen aufpassen in Deutschland, dass uns unsere freiheitlichen

Errungenschaften nicht abhandenkommen. Deshalb kann kein echter Demokrat Parteien wie die AfD wählen. Eine Partei, welche die Freiheit einschränken will und gegen Minderheiten hetzt. Das dürfen wir nicht zulassen!

Es geht mir also um die grundlegenden Dinge. Deshalb reise ich – um nachzudenken, um meine Meinung herauszufordern. Um zu lernen und zu hinterfragen, auch meine eigene Kultur. Um mein Herz zu weiten und die Welt vielleicht ein kleines bisschen besser zu verstehen.

Als am Ende meiner Reise ein Taxifahrer wissen wollte, was ich über sein Land denke, fiel es mir trotzdem schwer, eine klare Antwort zu geben. Mir ging alles und nichts durch den Kopf. Der Iran ist so widersprüchlich, so zerrissen, ich konnte ihn nicht greifen. Die Worte hafteten an meinem Gaumen. Es gab so viel, was ich hätte sagen können. Dass der Iran mich wütend macht. Dass der Iran bestürzt. Dass der Iran beschenkt. Dass der Iran fordert. Dass der Iran berührt. Dass der Iran mehr Fragen als Antworten bereithält. All das. Und am Ende habe ich geantwortet, der Iran sei gut. Was an den Menschen liegt, nicht am Regime. Es gibt eben nicht nur Schwarz und Weiß. Da sind tausendundein Graustufen. Ja, der Iran ist auch gut. Man kann sich in das Land verlieben. Und das habe ich.

Im Iran hat Nadine gelernt, was Freiheit bedeuten kann.
Und dass die abstrakte Angst, die sie bei ihrer Landung in
Teheran verspürte, »unnötig, ja albern, war«.

Bruno Baumann
DER INNERE KOMPASS

◁ ◁ ◁ ◁ ◁ ◁ ◉ ▷ ▷ ▷ ▷ ▷ ▷

Der Horizont verbarg sich hinter einem wogenden Meer aus Sand. Hier erhob sich keine vereinzelte Fotodüne wie in Namibia, die rot leuchtend und mit ein paar toten Bäumen davor auf Millionen Fotos strahlt. Stattdessen türmte sich eine endlose Anzahl von Megasandbergen auf – die höchsten Dünen der Welt, ein Himalaya des Sandes. Es war ein relativ unbekannter Teil dieser gigantischen Wüste. Auf den Karten ein weißer Fleck ohne eingezeichnete Routen, kaum Literatur, kaum Erfahrungsberichte.

Bruno Baumann war hier, um einen Plan zu verwirklichen, der so ehrgeizig war, dass er an Anmaßung grenzte: die Durchquerung des sandigen, chinesischen Herzstücks der Wüste Gobi, allein, zu Fuß, ohne Unterstützung. Ein Unternehmen, das nie zuvor gelungen war.

Über Jahre hinweg hatte er auf verschiedenen Karawanenreisen Wasserstellen gefunden, die er in seinem GPS-Gerät einspeicherte. Nachdem er sie zu einer Linie verbunden hatte, glaubte er einen Schlüssel zu besitzen, das offensichtlich Unmögliche zu wagen, in der Hoffnung, mit dem letzten Tropfen Wasser die jeweils nächste Wasserstelle zu erreichen. Die großen Unbekannten waren: Wie schnell konnte er laufen, wie viele Kilometer würde er pro Tag mit einem solchen Gewicht auf dem Rücken schaffen? Und mit wie wenig Wasser konnte er dabei überleben?

Der Versuch endete in einem Drama um Leben und Tod. Schon zwischen dem Startpunkt und der ersten Wasserstelle, nach vier Tagen und 120 Kilometern, waren seine Wasserreserven nahezu versiegt.

Bruno Baumann: Du trocknest bei lebendigem Leibe aus – brutal schmerzhaft, du wirst wahnsinnig! Ich war an dieser Grenze, machte Fehler, lief im Kreis. Da musst du mental unglaublich stark sein, um dir immer wieder diese Wasserstelle zu visualisieren, damit du weitergehst. Das Verdursten ist qualvoll – ein emotionales Trauma, das eine Zeit lang gewirkt hat.

Bruno Baumann mitten im Himalaya des Sandes: der Wüste Gobi

Mit letzter Kraft und fast verdurstet erreichte er endlich die Wasserstelle – und flüchtete nach Süden aus der Wüste heraus. Sein Vorsatz war: nie wieder Wüste!

Ein Vorsatz, der mit der Zeit an Kraft verlor. Jahre später änderte sich seine Wahrnehmung des Scheiterns. Er begriff, dass er durch den ersten Versuch, das Beinahe-Verdursten, einen ungeheuren Erfahrungsschritt gemacht hatte, und dachte über einen zweiten Versuch nach. Er trainierte, optimierte Ausrüstung und Strategie. Aber es blieb eine riesige Unbekannte. Beim ursprünglichen Versuch war er schon im ersten Abschnitt gescheitert. Nach der ersten Wasserstelle aber sollte ein doppelt so langer Abschnitt ohne Wasser folgen – über zweihundert Kilometer lang. Bruno wusste nun: komplett unmöglich! Es sei denn, es gelänge ihm vor seinem nächsten Versuch, in diesen wasserlosen Bereich der Wüste mit einer Karawane vorzudringen, dort, mit einer mobilen Oase auf dem Kamelrücken, nach Wasser zu suchen und den »Missing Link« zu entdecken. So kehrte er mit mongolischen Kamelzüchtern in die Gobi zurück.

Meine mongolischen Partner, die ich über die Jahre kennengelernt habe, leben am Rande der Wüste. Das sind keine Experten für Grenzgänge. Genauso wenig wie die Südtiroler Bergbauern die ersten Dolomitenkraxler waren. Die Experten waren die Briten, die aus ihren Industriegebieten anreisten. Die Bergbauern selbst hatten keinen Impuls, dort hochzusteigen. Erst später, als die Briten und die Touristen kamen, wurden die Einheimischen Bergführer und Experten für die Berge.

Bei den Mongolen ist es ähnlich. Sie gehen nur in die Wüste hinein, um gelegentlich eines ihrer Tiere zu finden, wenn es sich verirrt hat. Danach gehen sie auf derselben Route schnellstens wieder heraus. Diese Mongolen sagten mir: »In diesem Teil der Wüste gibt es kein Wasser. Punkt.« Das war ihre Ansage, das war ihr kollektives Wissen, ihre Tradition. Aber ich habe in meinem Leben gelernt, auch übernommenes Wissen zu hinterfragen und nicht immer gleich alles als die letztgültige Wahrheit zu akzeptieren. Ich beschloss ihre Aussage zu überprüfen. Und so wurde diese Reise zu einer ganz großen Schlüsselerfahrung für mich in Bezug auf etwas, das man nicht lernen kann. Etwas, das wir verloren haben, weil wir dieses Wissen, oder diese Wissensquelle, nicht mehr brauchen. Ich habe mir diese Quelle über meine Grenzerfahrungen wieder erschlossen.

Wir sind Weltmeister im analytisch-logischen Denken. Das wird uns in die Wiege gelegt, das trainieren wir in Europa, im Westen,

von Kindesbeinen an, das lernen wir in der Schule, damit machen wir unsere Prüfungen und unsere Zeugnisse. Im analytisch-logischen Denken sind wir allen anderen Menschenkulturen überlegen. Deshalb sind wir auch technokratisch so gut.

Aber ich behaupte, dass wir Menschen, und zwar alle, auch eine andere Wissensquelle besitzen. Man kann sie Bauchwissen nennen, Intuition oder emotionale Intelligenz. Und diese andere Wissensquelle, das ist für mich die wahrhaftigere Wissensquelle. Wir haben sie jedoch abgeworfen, verloren wie ein nutzlos gewordenes Organ, weil wir sie offenbar nicht mehr brauchen. Wenn du aber mitten in der Wüste stehst und der Karawanenführer zu dir kommt und sagt: »Unsere Tiere haben Durst. Du bist der Anführer, wir sind

---

Mit Kamelen sucht Bruno im wasserlosen Bereich der Wüste nach dem entscheidenden »Missing Link«.

dir in die Wüste gefolgt. Du musst Wasser finden.« – dann drehst du dich im Kreis, 360 Grad. Du schaust in alle Himmelsrichtungen und siehst bis zum Horizont nur Sand, sonst nichts. Dann blickst du auf die Karte oder Google Earth oder was auch immer, und da ist auch keine Wasserstelle eingezeichnet. Dann sagt der Kopf: Jetzt ist es aus, jetzt werden wir verdursten. Doch in einer solchen Situation tut man ja keineswegs nichts, legt sich hin und wartet, bis man verdurstet, sondern man geht weiter. Aber nicht mehr kopfgesteuert. Der Kopf nützt uns nur dann etwas, wenn er analysieren und interpretieren kann. Wenn es Zeichen gibt, sagt er, ja, da ist ein Zeichen, dem folgst du. Gibt es das nicht mehr, dann ist er

---

»Der Kopf nützt uns nur dann etwas, wenn er analysieren und interpretieren kann«, sagt Bruno Baumann. In der Wüste seien Instinkte entscheidender.

ruhiggestellt, dann schweigt er. Dann folgst du dem reinen Gefühl, deinen emotionalen Impulsen.

Erreichst du schließlich Wasser, sagst du zu dir: Schwein gehabt, reiner Zufall, Glück. Beim ersten Mal. Beim zweiten, dritten Mal fragst du dich schon: Wie hast du das geschafft? Du hast dich diesen intuitiven Impulsen anvertraut in einer entscheidenden Situation, in der es um Leben und Tod ging, nicht darum, ob ich heute von links nach rechts oder von rechts nach links über die Straße gehe.

Dieses Gefühl, diesen Instinkt, habe ich kultiviert. Und er war auch bei jener Suche nach Wasser ein wesentlicher Faktor, bei der die Mongolen darauf beharrten, es gebe hier keines. Ich ging emotionalen Impulsen folgend durch dieses Labyrinth aus Sandbergen und stieß schließlich in einer Senke auf eine Wasserstelle. Wir hatten vorher Dutzende Senken durchquert, alle trocken. Diese nicht. Dort lag, mitten in einem mannshohen Schilfdickicht versteckt, sorgsam mit dicken Brettern abgedeckt, ein vier Meter tiefer Schachtbrunnen, mit Händen gegraben von Menschen, die vor Jahren oder Jahrzehnten an dieser Stelle vorbeigekommen waren. Vielleicht eine Karawane, die in Wassernot geraten war und deshalb zu graben begann. Ihr Brunnen hatte überdauert. Kein Mensch wusste mehr davon.

Das war eine persönliche Sternstunde für mich – und gab mir den letzten Kick, es noch einmal zu versuchen.

Bruno kehrte sofort nach Hause zurück, bereitete seinen zweiten Versuch zur Durchquerung der Gobi vor und startete ihn sieben Jahre nach dem ersten. Fünf Wasserstellen, aufgefädelt wie auf einer Schnur, in unterschiedlichen Distanzen über fünfhundert Kilometer hinweg verteilt. Nur bei jener, die er mit der Karawane entdeckt hatte, konnte er mit Sicherheit davon ausgehen, dass sie existierte. Eine andere Wasserstelle, die erste, hatte er sieben Jahre zuvor gerade so erreicht. Aber führte sie noch Wasser?

Das GPS-Gerät, das war klar, würde mich immer zu diesen Wasserstellen führen, es sei denn, die Amerikaner fühlten sich militärisch bedroht und machten die Stelle unscharf. Dann würde ich vielleicht verdursten und irgendein anderer würde im Straßen-GPS in die falsche Straße einbiegen. Aber ein GPS-Gerät sagt einem nicht, ob ein Brunnen ausgetrocknet ist, und das ist entscheidend. Dieses Risiko bin ich eingegangen. Ich wusste, wäre auch nur eine einzige Wasserstelle ausgetrocknet, wäre das mein Todesurteil.

Tief im wogenden Meer aus Sand: Bruno Baumann durchquerte als erster Mensch das sandige Herzstück der Wüste Gobi.

In diesen zwei Wochen, in denen ich diese Strecke gelaufen bin, machte ich sicherlich eine der für mich wichtigsten Lebenserfahrungen überhaupt. Das war wie eine Transformation, wie ein ganzes Leben, komprimiert auf zwei Wochen. Ich habe da alles erleben können und dürfen, was einem das Leben hier bei uns besser macht. Das, was man mit nach Hause nimmt, ist letztendlich das Entscheidende an solchen Erfahrungen. Was hat sich hinterher verändert, bei mir, im Hier und Jetzt, nicht dort, in der Sandwüste? Die Spuren sind längst verweht. Aber was habe ich mitgenommen? Und was hat mir diese Erfahrung für dieses Leben hier genutzt? Habe ich jetzt weniger Ängste als vorher? Dann war es gut. Denn weniger Ängste bedeuten mehr Freiheit. Freiheit heißt frei sein von Ängsten.

Habe ich mehr Geistesgegenwärtigkeit in mein Leben gebracht? Kann ich das bejahen, war es eine wichtige Erfahrung. Denn dann habe ich gelernt, dass die Zukunft durch die Gegenwart begründet wird. Das ist unsere Krankheit: Wir wollen immer schon weiter sein, als wir sind. Wir sind stets in Disharmonie mit der Zeit. Wir müssen

---

Zwei Wochen wie ein ganzes Leben: Bruno empfindet die Durchquerung der Gobi als Transformation, die ihn von einigen Ängsten befreite.

immer morgen und übermorgen planen und denken, haben einen Mangel an Geistesgegenwärtigkeit und vor allem einen Mangel an Selbstverantwortung. Wir sind Weltmeister im Delegieren von Selbstverantwortung. Wir sind Sicherheitsfanatiker. Wir umgarnen uns mit Scheinsicherheit. Uns wird vorgegaukelt, dass man alle Lebensrisiken versichern kann. Selbst die Liebe möchten wir versichern, indem wir mit unseren Partnern einen Vertrag machen. Wir wollen und können nicht akzeptieren, dass das in gewisser Weise wider die Natur ist. Veränderung sei die einzige Konstante, das hat schon der Buddha gelehrt. Und die Sandwüste lehrt einen das auch. Das ist ein Schatz und ich bin unendlich dankbar für diese Erfahrung. Auch wenn sie vor Ort manchmal leidvoll war: Letztendlich war das ein Schatz, den ich dort in der Wüste gefunden habe. Er hat mein Leben verändert und mir sehr viel mehr Lebensqualität geschenkt.

»Das ist unsere Krankheit: Wir wollen immer schon weiter sein, als wir sind.«
In der Wüste lernte Bruno, dass Glück darin besteht, mit der Gegenwart geistesgegenwärtig und verantwortungsvoll umzugehen.

Die Protagonisten

Bruno Baumann

Bruno Baumann, geboren 1955 in der Steiermark/Österreich, gilt als einer der besten Kenner Tibets und Zentralasiens. Er unternahm zahlreiche Wüstenexpeditionen. Dabei durchquerte er als erster Mensch das sandige Herzstück der Gobi im Alleingang. Über seine Erfahrungen berichtet er in Vorträgen, Filmen und Büchern wie *Der Wüstengänger* und *Kailash – Tibets heiliger Berg* (beide Malik Verlag). Informationen unter www.bruno-baumann.de und www.bilder-der-welt.at.

Jerome Blösser

Jerome Blösser, geboren 1966, ist seit mehr als fünfundzwanzig Jahren zu Fuß in den Wüsten und Leerzonen der Erde unterwegs. Auf ungezählten Reisen und Expeditionen lebt der professionelle Abenteurer, begeisterte Fotograf und Autor seinen Traum von *Freiheit unterm Wüstenhimmel*, was auch der Titel seines ersten Reisebildbandes (Verlag Frederking & Thaler) ist. Informationen unter www.puretreks.de und www.jeromebloesser.de.

Hans Kammerlander

Hans Kammerlander gehört zu den erfolgreichsten Extrembergsteigern unserer Zeit. In seiner Biografie stehen mehr als 2500 Klettertouren, rund fünfzig Erstbegehungen und sechzig Alleinbegehungen großer Alpenwände. Er bestieg zwölf der vierzehn Achttausender, sieben davon an der Seite von Reinhold Messner. Er fuhr mit Ski vom Gipfel des Everest ab und durch die steilen Flanken des Nanga Parbat. Mit Reinhold Messner umrundete er auf den Landesgrenzen seine Heimat Südtirol. Informationen in seiner Autobiografie *Höhen und Tiefen meines Lebens* (Malik Verlag) und unter www.kammerlander.com.

Joey Kelly

Joey Kelly, geboren 1972 in Spanien, wurde zunächst als Musiker der Band *The Kelly Family* bekannt, die anfangs ihr Geld mit Straßenmusik verdiente, später jedoch internationale Erfolge verzeichnen konnte. Als Ausdauersportler bestritt er unter anderem über hundert Marathons, Ultramarathons und Ironmans. Zu seinen härtesten Wettkämpfen gehören beispielsweise ein Wettlauf zum Südpol und der Badwaterrun (217 Kilometer durch die amerikanische Wüste bei bis zu fünfzig Grad). Seine Bücher *Yukon – Mein gehasster Freund* und *Bulli-Challenge – Von Berlin nach Peking* erschienen bei National Geographic.

Uli Kunz

Der Meeresbiologe und Forschungstaucher Uli Kunz begleitet wissenschaftliche Expeditionen rund um die Welt und dokumentiert mit seiner Kamera auch die Überfischung der Meere und den zerstörerischen Einfluss des Klimawandels auf unsere Ökosysteme. Mit seinen Liveshows ist er regelmäßig im deutschsprachigen Raum auf Tournee. Als Moderator für die ZDF-Reihe Terra X begleitete er Dreharbeiten über die Wasserwelten unseres Planeten, kletterte bis an den Grund eines Gletschers auf Spitzbergen, tauchte in wassergefüllte Höhlen auf den Bahamas und fotografierte die singenden Buckelwale im Pazifik. Informationen unter www.uli-kunz.com.

Rolf Lange

Rolf Lange, Jahrgang 1977, war bis 2014 Geschäftsführer einer Werbeagentur und führte ein bürgerliches Leben, als er beschloss, seine Komfortzone radikal zu verlassen: Er brach zu einer 17-monatigen Motorradreise durch 42 Länder auf fünf Kontinenten auf. Von seinen Erfahrungen und Erkenntnissen berichtet er in Vorträgen bei Publikumsveranstaltungen und in Unternehmen. Sein Buch *Weltenreise* ist 2018 bei National Geographic erschienen. Informationen unter www.rolf-lange.de.

Erik Lorenz

Teilzeitabenteurer, Buchautor und Herausgeber: In Länder- und Reisereportagen berichtet Erik Lorenz von den Schönheiten und Herausforderungen, die die Welt bereithält. Und in Biografien und Erzählungen ergründet er das Leben und Wirken spannender Persönlichkeiten. Die Plattform Weltwach gründete er mit dem Ziel, uns die Welt in ihrer Vielfalt besser verstehen und intensiver erfahren zu lassen. Im dazugehörigen Podcast spricht er mit Grenzgängern und Weltenwanderern über ihre Streifzüge. Mehr Informationen unter www.weltwach.de, www.unfoldingmaps.com und www.erik-lorenz-autor.de.

Michael Martin

Michael Martin ist Fotograf, Vortragsreferent, Abenteurer und Diplom-Geograf. Seit über 35 Jahren berichtet er über seine Reisen in die Wüsten der Erde und wurde zum weltweit renommiertesten Wüstenfotografen. Er veröffentlichte dreißig Bildbände und Bücher, hielt über zweitausend Vorträge und produzierte mehrere Fernsehfilme. Aktuell arbeitet er am Projekt TERRA, einem fotografischen Porträt des Planeten Erde. Informationen unter www.michael-martin.de.

Reinhold Messner

Reinhold Messner, 1944 in Südtirol geboren, ist der berühmteste Abenteurer und Bergsteiger unserer Zeit. Auf über hundert Reisen in die Gebirge und Wüsten dieser Erde gelangen ihm viele Erstbegehungen und als erstem Menschen die Besteigung aller 14 Achttausender. Seine Bücher wurden in zahlreiche Sprachen übersetzt. Mehr als zwanzig Jahre lang befasste sich Reinhold Messner mit der Gestaltung der Messner Mountain Museen (MMM) sowie seiner Stiftung (MMF), die Bergvölker weltweit unterstützt. Nun widmet sich Reinhold Messner dem Bergfilm: als Autor, Regisseur und Produzent.

Stephan Meurisch

Stephan Meurisch ist leidenschaftlicher Wanderer und Globetrotter. Er bewältigte mehrere Marathons und legte 780 Kilometer auf dem Jakobsweg zurück, bevor er im März 2012 sein bis dahin größtes Abenteuer startete: zu Fuß und ohne Geld von München nach Tibet. Seine Erfahrungen gibt er auf Vorträgen, in Workshops und als Coach an alle weiter, die sich und in ihrem Leben etwas bewegen möchten. Jüngst ist sein Buch *Ich geh dann mal nach Tibet* (Knesebeck Verlag) erschienen. Informationen unter www.stephanmeurisch.de.

Rüdiger Nehberg

Rüdiger Nehberg (1935-2020) war Deutschlands bekanntester Abenteurer und Experte für Survival. Als Augenzeuge des drohenden Völkermordes an den Yanomami-Indianern sorgte er mit spektakulären Aktionen für deren Überleben. Seine Menschenrechtsorganisation TARGET e.V. betreut das Indianervolk der Waiãpi und engagiert sich in ausschließlicher Partnerschaft und erfolgreich mit höchsten Repräsentanten des Islam für das Ende des Verbrechens Weiblicher Genitalverstümmelung. Informationen unter www.target-nehberg.de und www.nehberg.de sowie im aktuellsten Buch *Dem Mut ist keine Gefahr gewachsen*.

Anselm Pahnke

Anselm Nathanael Pahnke, Jahrgang 1989, ist studierter Geophysiker und in den letzten Jahren über 55 000 Kilometer mit dem Rad gefahren. Aus seiner Reise quer durch Afrika entstanden ein Buch und der Kinofilm und AG DOK-Gewinner als bester Dokumentarfilm 2019 *Anderswo. Allein in Afrika* mit über 100 000 Zuschauern. Informationen unter anselmpahnke.de und anderswoinafrika.de.

Andreas Pröve

Andreas Pröve, Jahrgang 1957, verunglückte als 23-Jähriger mit seinem Motorrad und ist seitdem querschnittsgelähmt. Drei Jahre später brach der ehemalige Tischler zu seinem ersten großen Indienabenteuer im Rollstuhl auf. Von seinen Abenteuern berichtet Andreas in Vorträgen und fünf Büchern wie zum Beispiel *Erleuchtung gibt's im nächsten Leben* und *Abenteuer Mekong – 5700 Kilometer von Vietnam bis ins Hochland von Tibet* (beide Malik Verlag). Informationen unter www.proeve.com.

Nadine Pungs

Nadine Pungs studierte Literaturwissenschaft und Geschichte. Davor, währenddessen und danach tingelte sie jahrelang als Kleinkünstlerin durch die Dörfer und spielte Theater. Auf der Suche nach Intensität und Schönheit zieht es sie immer wieder in die Welt. Bei Malik erschienen ihre Bücher *Das verlorene Kopftuch. Wie der Iran mein Herz berührte* und *Meine Reise ins Übermorgenland. Allein unterwegs von Jordanien bis Oman*. Informationen unter www.nadinepungs.de.

Carmen Rohrbach

Carmen Rohrbach, geboren in Bischofswerda, ist Entdeckerin aus Leidenschaft. Die Biologin zählt zu den beliebtesten Reiseautorinnen Deutschlands. Bei Malik und National Geographic erschien unter anderem der SPIEGEL-Bestseller *Unterwegs sein ist mein Leben*. Als Jugendliche versuchte sie die Flucht aus der DDR, schwamm 35 Kilometer durch die Ostsee. Dieses Erlebnis verarbeitete sie in ihrem Buch *Solange ich atme*. Zuletzt war sie allein im Winter in British Columbia. Davon berichtet sie im Buch *Mein Blockhaus in Kanada*. Informationen unter www.carmenrohrbach.de.

Dirk Rohrbach

Dr. Dirk Rohrbach, 1968 in Hanau geboren, ist Fotograf und Abenteurer. Seit rund dreißig Jahren bereist der promovierte Arzt intensiv Nordamerika und engagiert sich für die Rettung der Sprachen der amerikanischen Ureinwohner. Seine fotojournalistischen Projekte wurden mehrfach ausgezeichnet und für ZDF/arte verfilmt. Dirk ist Autor mehrerer Bücher, die bei Malik und National Geographic veröffentlicht wurden. Informationen unter www.dirk-rohrbach.com.

Christine Thürmer

Christine Thürmer, Jahrgang 1967, machte nach ihrem Studium Karriere als Managerin. Nach einer unfreiwilligen Berufspause hängte sie 2007 ihren Job endgültig an den Nagel und wurde danach mit mittlerweile 48 000 Kilometern zu Fuß zur wohl meistgewanderten Frau der Welt. Ihre Bestseller *Laufen. Essen. Schlafen.* und *Wandern. Radeln. Paddeln.* sowie *Weite Wege wandern* erschienen im Malik Verlag. Informationen unter www.christinethuermer.de.

Ana Zirner

Ana Zirner ist Autorin, Bergsportlerin und Bergwanderführerin. In Vorträgen erzählt sie von ihren mehrmonatigen Solo-Expeditionen. 2018 erschien im Piper Verlag ihr Buch *Alpensolo*, über eine 2017 unternommene Ost-West-Traverse der Alpen im Alleingang. 2018 überquerte sie, ebenfalls von Ost nach West, die Pyrenäen. 2019 begleitete sie den Colorado River mit dem Boot und zu Fuß, von seinem Ursprung in den Rocky Mountains bis ans Meer in Mexiko. 2020 wird darüber ihr neues Buch *Rivertime* erscheinen. Informationen unter www.anasways.com.

IMPRESSUM

Verantwortlich: Joachim Hellmuth, Susanne Then
Lektorat: Daniela Wilhelm-Bernstein
Gestaltung und Satz:
Akademischer Verlagsservice Gunnar Musan
Korrektorat: Simona Fois

Repro: LUDWIG:media
Umschlaggestaltung: Rudi Stix
Herstellung: Bettina Schippel
Printed in Slovenia by Florjancic

Unser komplettes Buchprogramm finden Sie unter:

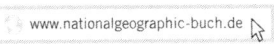

Alle Angaben dieses Werks wurden vom Autor sorgfältig recherchiert und auf den neuesten Stand gebracht sowie vom Verlag geprüft. Sollte dieses Werk Links auf Webseiten Dritter enthalten, so machen wir uns die Inhalte nicht zu eigen und übernehmen für die Inhalte keine Haftung.

In diesem Buch wird aus Gründen der besseren Lesbarkeit das generische Maskulinum verwendet. Weibliche und anderweitige Geschlechteridentitäten werden dabei ausdrücklich mitgemeint, soweit es für die Aussage erforderlich ist.

Bildnachweise nach Kapiteln:
Joey Kelly: alle © Thomas Stachelhaus, außer S. 21 © Erik Lorenz; *Rolf Lange:* alle © Rolf Lange; *Carmen Rohrbach:* alle © Carmen Rohrbach, außer S. 30 Peter von Felbert; *Rüdiger Nehberg:* alle © Rüdiger Nehberg, außer S. 43 unten © Erik Lorenz; *Reinhold Messner:* S. 56 © Volodymyr Goinyk/shutterstock, S. 59 © Martinez de la Varga/shutterstock; S. 60 u. 62 © Simon Gincberg; *Jerome Blösser:* alle © Jerome Blösser; *Uli Kunz:* alle © Uli Kunz; *Ana Zirner:* alle © Ana Zirner, außer S. 89 © April Larivee; *Michael Martin:* alle © Michael Martin; *Dirk Rohrbach:* alle © Dirk Rohrbach; *Hans Kammerlander:* alle © Hans Kammerlander, außer S. 120–21 © Stephan Keck; *Anselm Pahnke:* alle © Anselm Pahnke; *Andreas Pröve:* alle © Nagender Chhikara; *Stephan Meurisch:* alle © Stephan Meurisch; *Christine Thürmer:* alle © Christine Thürmer; *Nadine Pungs:* alle © Nadine Pungs; *Bruno Baumann:* alle © Bruno Baumann. S. 2–3 © Ana Zirner sowie © languste15/Fotolia; S. 4 © Michael Martin; S. 8 © Thomas Stachelhaus; S. 54 © Dirk Rohrbach; S. 122 © Anselm Pahnke; S. 156 © Bruno Baumann

Umschlagvorderseite: Unterwegs in norwegischer Landschaft © Everst/Fotolia, Kompassillustration © languste15/Fotolia. Umschlagrückseite: o.l.: Mit dem Bulli in der Mongolei © Thomas Stachelhaus; o.r.: Dünen in der Sahara © Jerome Blösser; u.l.: Expedition auf Baffin Island © Michael Martin; u.r.: Lagerfeuer am Yukon © Dirk Rohrbach

Die Deutsche Nationalbibliothek verzeichnet diese Publikation in der Deutschen Nationalbibliografie; detaillierte bibliografische Daten sind im Internet über http://dnb.d-nb.de abrufbar.

NATIONAL GEOGRAPHIC and Yellow Border Design are trademarks of the National Geographic Society used under license.

2. Auflage
Copyright © 2021, 2020 NG Buchverlag GmbH, Infanteriestraße 11a, 80797 München
Alle Rechte vorbehalten

Lizenznehmer von: National Geographic Partners, LLC
This edition is published by NG Buchverlag GmbH through licensing agreement with National Geographic Partners, LLC.

ISBN 978-3-86690-725-6

Seit ihrer Gründung 1888 hat sich die National Geographic Society weltweit an mehr als 12 000 Expeditionen, Forschungs- und Schutzprojekten beteiligt. Die Gesellschaft erhält Fördermittel von National Geographic Partners LLC, unterstützt unter anderem durch Ihren Kauf. Ein Teil der Einnahmen dieses Buches hilft uns bei der lebenswichtigen Arbeit zur Bewahrung unserer Welt. Falls Sie mehr über National Geographic wissen wollen, besuchen Sie unsere Website unter *www.nationalgeographic.de*.